COLLECTION FOLIO

Jean Genet

Les Paravents

Marc Barbezat
L'Arbalète

A la mémoire d'un jeune mort

QUELQUES INDICATIONS

Voici comment cette pièce doit être montée : dans un théâtre en plein air. Une sorte de terre-plein rectangulaire, clos d'une très haute palissade de planches. Pour asseoir le public, des gradins en ce qu'on veut. Le fond et les côtés de la scène seront constitués par de hautes planches inégales, et noires. Elles seront disposées de telle façon — mais des dessins vont être joints à ce texte — que des plates-formes, à différentes hauteurs, pourront sortir de droite et de gauche. De sorte qu'on possédera un jeu très varié de scènes, de niveaux et de surfaces différents. Par les espaces ménagés entre les planches de droite et de gauche, apparaîtront et sortiront les paravents et les comédiens.

Se confrontant aux objets dessinés en trompe-l'œil sur chaque paravent, il devra toujours y avoir sur la scène un ou plusieurs objets réels. Voici comment ils seront amenés : dès l'entrée du public, il y a déjà sur la scène une borne kilométrique et un tas de cailloux. Quand le public est assis, venant de la coulisse de droite arrive un paravent, conduit par un homme qui se tient derrière, et ce paravent

*glisse de telle façon qu'il se place derrière la borne
et le tas de pierres.*

LE DÉCOR

*Il sera constitué par une série de paravents sur
lesquels les objets ou les paysages seront peints.
Chaque paravent aura environ trois mètres de
haut. On devra les déplacer dans un rigoureux
silence. Donc, prévoir de les monter sur des
roulettes minuscules et caoutchoutées, roulant elles-
mêmes sur un tapis de scène. Derrière le paravent
se trouve le machiniste chargé de le déplacer.*

*Entre chaque tableau, on ménagera un bref temps
d'obscurité pour permettre le changement.*

*Auprès du paravent, il devra toujours y avoir au
moins un objet réel (brouette, seau, bicyclette, etc.),
destiné à confronter sa propre réalité avec les objets
dessinés.*

LES PERSONNAGES

*Si possible, ils seront masqués. Sinon, très
maquillés, très fardés (même les soldats). Maquil-
lages excessifs, contrastant avec le réalisme des
costumes. Le mieux serait de prévoir une grande
variété de nez postiches — au hasard de notre
rencontre avec les personnages, j'indiquerai la
forme de quelques-uns. Mentons postiches aussi,
quelquefois. Tout cela harmonisé habilement avec
les couleurs des costumes. Aucun visage ne devra
garder cette beauté conventionnelle des traits dont*

on joue trop au théâtre comme au cinéma. Sans compter l'imagination des metteurs en scène, de nos jours les comédiens ont dix mille ressources avec les nouvelles matières plastiques...

Les Arabes porteront une perruque d'étoupe noire très bouclée. Leur teint sera basané, comme on dit.

LE JEU

Sera extrêmement précis. Très serré. Pas de gestes inutiles. Chaque geste devra être visible.

PERSONNAGES

SAÏD	BRANDINESCHI
LA MÈRE	LA VOIX DU CONDAMNÉ À MORT
MUSTAPHA	MADAME BLANKENSEE
WARDA	LE NOTABLE
BRAHIM	UN ARABE
MALIKA	LE CHEF
LA SERVANTE	L'ACADÉMICIEN
AHMED	LE SOLDAT DE BUGEAUD
LEÏLA	LA VAMP
SIR HAROLD	LE REPORTER-PHOTOGRAPHE
HABIB	LE JUGE
TALEB	LE BANQUIER
CHIGHA	LA PETITE COMMUNIANTE
KADIDJA	LE GÉNÉRAL
NEDJMA	(ÉPOQUE DU DUC D'AUMALE)
HABIBA	L'HOMME TRÈS-FRANÇAIS
L'APPARITEUR	LA FEMME TRÈS-FRANÇAISE
LA FEMME	MONSIEUR BONNEUIL

LE JOUEUR DE FLÛTE	MADAME BONNEUIL
L'HOMME QUI A PISSÉ	LE FILS DE SIR HAROLD
LE POLICIER	L'ARABE
LE CADI	KADDOUR
MADANI — LA BOUCHE	M'BAREK
HERNANDEZ	LE GENDARME
MONSIEUR BLANKEENSEE	M'HAMED
MALIK	LARBI
ABDIL	KOUIDER
NACEUR	AMEUR
LE GARDIEN	ATTRACHE
LE LIEUTENANT	AZOUZ
PRESTON	ABDESSELEM
LE SERGENT	LASSEN
WALTER	OMMOU
LALLA	JOJO
LE GENDARME	ROLAND
HELMUT	AÏCHA
PIERRE	SRIRA
FELTON	AZIZA
MORALÈS	HOSSEIN
LE GÉNÉRAL	UNE VOIX DE FEMME
LE SOLDAT	SMAÏL
SRIR	LE MARI
BACHIR	LE GAMIN
SALEM	L'ÉPICIER
DJEMILA	LE MISSIONNAIRE
SI SLIMANE	LE PREMIER COMBATTANT
NESTOR	LE DEUXIÈME COMBATTANT

ROGER   LE TROISIÈME COMBATTANT

LAHOUSSINE

ARABES, LÉGIONNAIRES, SOLDATS...

Chaque acteur sera tenu de jouer le rôle de cinq ou six personnages, hommes ou femmes.

PREMIER TABLEAU

Paravent à cinq branches, venant de la coulisse de droite.

Au pied du paravent, une borne kilométrique sur laquelle on lit : Aïn-Sofar 4 km.

Lumière bleue, très dure.

Vêtements de Saïd : Pantalon vert, veste rouge, chaussures jaunes, chemise blanche, cravate mauve, casquette rose.

Vêtements de la Mère : Robe de satin violet, toute rapiécée de violets différents, grand voile jaune.

Elle sera nu-pieds, et chacun de ses doigts est d'une couleur — différente — violente.

Saïd (vingt ans), cravate mal nouée. Veste dont tous les boutons sont boutonnés. Il entre, venant de droite. A peine est-il visible du public qu'il s'arrête, comme harassé. Il se retourne vers la coulisse (d'où il vient) et crie :

SAÏD : Rose! *(Un temps.)* Je vous dis rose! Le ciel est déjà rose. Dans une demi-heure le soleil sera levé... *(Il attend, se repose sur un pied, et*

s'éponge.) Vous ne voulez pas que je vous aide?
(*Silence.*) Pourquoi, il n'y a personne pour nous
voir. (*Il essuie ses propres souliers avec son
mouchoir de dentelle. Il se redresse.*) At-tention.
(*Il va pour se précipiter, mais il s'immobilise,
attentif.*) Non, non, c'était une couleuvre. (*A
mesure, il parle plus doucement, la personne
invisible semblant se rapprocher. Enfin, son ton est
normal.*) Je vous avais dit de mettre vos souliers.

> *Entre une vieille femme arabe, toute ridée.
> Robe violette, voile jaune. Pieds nus. Sur sa
> tête, une valise en carton bouilli.*

LA MÈRE : Je veux qu'ils soient propres quand
je vais arriver.

SAÏD, *hargneux :* Et eux, vous croyez qu'ils
auront des souliers propres? Et surtout des
souliers neufs? Et même des pieds propres?

LA MÈRE, *cheminant maintenant à la hauteur de
Saïd :* Tu espères quoi? Qu'ils aient des pieds
neufs?

SAÏD : Blaguez pas, aujourd'hui je veux rester
triste. Je me ferais du mal exprès pour être
triste. Il y a un tas de pierres, vous allez vous
reposer.

> *Il lui enlève la valise de dessus la tête et la
> pose par terre. La Mère s'assied.*

LA MÈRE, *souriant :* Assieds-toi.

SAÏD : Non. Les pierres sont trop douces à
mon cul. Je veux que tout me donne le cafard.

LA MÈRE, *souriant toujours :* Tu veux rester
triste? Je trouve ta situation comique. Toi, Saïd,
mon fils unique, tu épouses la plus laide femme
du pays d'à côté et de tous les pays d'alentour, ta

mère est obligée de faire dix kilomètres à pied
pour venir fêter tes noces... *(Elle donne un coup
de pied dans la valise.)* de porter à la famille une
valise pleine de cadeaux...

> *Elle donne en riant un autre coup de pied et
> la valise tombe.*

SAÏD, *triste :* Vous allez tout casser, si vous
continuez.

LA MÈRE, *riant :* Ça ne t'amuserait pas d'ouvrir
devant son nez une valise pleine de miettes de
porcelaines, de cristal, de dentelles, de miettes
de glaces, de saucisson... La colère peut l'embel-
lir.

SAÏD : Son dépit la rendra plus moche.

LA MÈRE, *toujours riant :* Si tu pleures à force
de rire, à travers tes larmes son visage sera remis
en place. Mais, surtout, tu n'aurais pas le
courage...

SAÏD : De...

LA MÈRE, *toujours riant :* La traiter en femme
moche. Tu vas vers elle à contrecœur : vomis sur
elle.

SAÏD, *grave :* Je dois vraiment vomir ? Qu'est-
ce qu'elle a fait pour m'épouser ?

LA MÈRE : Autant que toi : elle reste pour
compte parce qu'elle est laide. Toi, parce que tu
es pauvre. Il lui faut un mari. A toi, une femme.
Elle et toi vous prenez ce qui vous reste : vous
vous prenez. *(Elle rit. Elle regarde le ciel.)* Oui,
monsieur, il fera chaud. Dieu nous apporte une
journée de lumière.

SAÏD, *après un silence :* Vous ne voulez pas que

je porte la valise? Personne ne vous verrait. A la porte de la ville, je vous la redonne.

LA MÈRE : Dieu et toi vous me verriez. Toi, avec une valise sur la tête, tu serais moins homme.

SAÏD, *très étonné :* Une valise sur la tête vous rend plus femme?

LA MÈRE : Dieu et toi...

SAÏD : Dieu? Avec une valise sur la tête? Je la porte à la main.

Elle se tait.

SAÏD, *après un silence, montrant la valise :* Le coupon de velours jaune, vous l'avez payé combien?

LA MÈRE : Je ne l'ai pas payé. J'ai fait des lessives chez la Juive.

SAÏD, *comptant dans sa tête :* Des lessives. C'est combien, une lessive?

LA MÈRE : Elle ne me les paye pas, d'habitude. Elle me prête son âne tous les vendredis. Et toi, la pendule, tu l'as eue pour combien? Pendule détraquée, d'accord, mais pendule...

SAÏD : Elle n'est pas encore payée. Il me reste dix-huit mètres de mur à maçonner. C'est la grange de Djelloul. Je les ferai après-demain. Et le moulin à café?

LA MÈRE : Et l'eau de Cologne?

SAÏD : Pas chère. Mais j'ai dû aller la chercher au douar Aïn Targ. Vous voyez, treize kilomètres pour aller, treize pour revenir.

LA MÈRE, *souriant :* Des parfums pour quelle princesse! *(Soudain, elle écoute.)* Qu'est-ce que c'est?

SAÏD, *regardant au loin, à gauche :* Monsieur Leroy et sa femme sur la nationale.

LA MÈRE : Si on s'était arrêté au croisement, ils nous auraient peut-être pris dans leur voiture.

SAÏD : Nous?

LA MÈRE : D'habitude, non, mais tu leur aurais expliqué que c'est ta noce... que tu es pressé de voir la mariée... et moi, j'aurais tellement aimé me voir arriver en auto.

Silence.

SAÏD : Vous voulez manger quelque chose? Dans un coin de la valise, il y a la poule rôtie.

LA MÈRE, *grave :* Tu es fou, c'est pour le repas. S'il manquait une cuisse on croirait que j'élève des poules boiteuses. On est pauvres, elle est laide, mais pas au point de mériter des poules à une patte.

Silence.

SAÏD : Vous ne voulez pas mettre vos souliers? Je ne vous ai jamais vue avec des souliers à talons hauts.

LA MÈRE : Dans ma vie, je les ai mis deux fois. La première, c'est le jour de l'enterrement de ton père. Tout d'un coup j'étais montée si haut que je me suis vue sur une tour regardant mon chagrin resté sur terre, où on enfonçait ton père. Un soulier, le gauche, je l'avais trouvé dans une poubelle, l'autre à côté du lavoir. La deuxième fois que je les ai mis, c'est quand j'ai dû recevoir l'huissier qui voulait saisir la cabane. *(Elle rit.)* Cabane en planches sèches mais pourries, pourries mais sonores, sonores qu'on voyait passer nos bruits, rien qu'eux, nos bruits au travers, ceux de ton père et les miens, nos bruits répercutés par un talus, nous y vivions, dormions, dans ce tambour, comme au grand jour, qui laissait passer notre vie à travers des planches pourries où passaient nos sons, nos bruits, nos voix, du tonnerre la cabane! Et... boum!... Et... vlan!... Et... clac!... Zim!... Boum, boum!... Pan ici, pan là-bas!... Kgri... Kriii... Krâââ... Boum encore!... à travers les planches de la cabane! Et l'huissier voulait saisir la cabane, mais moi... sur la pointe des doigts de pied et soutenue par les talons j'avais une grande fierté, et même de l'orgueil. Ma tête touchait la tôle ondulée. Je l'ai mis à la porte, le doigt tendu, l'huissier.

SAÏD : Vous avez bien fait, Mère. Mettez vos souliers à talons hauts.

LA MÈRE, *elle traîne sur le* mais *et le prononce doucement* : Mais, mon petit, j'ai encore trois kilomètres. J'aurai mal et je risque de casser les talons.

SAÏD, *très dur : il prononce* enf-filez : Enfilez vos souliers.

Il lui tend les souliers, l'un blanc, l'autre rouge. La Mère, sans un mot, les chausse.

SAÏD, *cependant que la Mère se relève, il la regarde.* Vous êtes belle, là-dessus. Gardez-les. Et dansez! Dansez! (*Elle fait deux ou trois pas comme un mannequin et montre en effet beaucoup d'élégance.*) Dansez encore, madame. Et vous, palmiers, relevez vos cheveux, baissez vos têtes — ou fronts, comme on dit — pour regarder ma vieille. Et pour une seconde, le vent qu'il s'arrête

pile, qu'il regarde, la fête est là! *(A la mère :)*
Sur vos pattes incassables, la vieille, dansez! *(Il
se baisse et parle aux cailloux.)* Et vous aussi,
cailloux, regardez donc ce qui se passe au-dessus
de vous. Que ma vieille vous piétine comme une
révolution le pavé des rois... Hourrah!... Boum!
Boum! *(Il imite le canon.)* Boum! Zim! Boum!

> *Il rit aux éclats.*

LA MÈRE, *en écho, tout en dansant :* Et boum!...
Et pan!... Vlan! Zim! Boum!... boum!... sur le
pavé des rois... *(A Saïd :)* Vas-y, toi, fais
l'éclair!

SAÏD, *riant toujours.* Kjrîî!... Khrâââ!... Zîîî!...
Et boum! Et vlan!

> *Il imite l'éclair du geste et de la voix.*

LA MÈRE, *dansant toujours :* Krâââ... Zîîî!...
Vlan!... Boum!...

SAÏD : Boum!... Boum! Ma Mère qui danse,
ma Mère qui vous piétine sue à grosses rigoles...
(Il la regarde de loin.) Les rigoles de sueur qui
dégoulinent de vos tempes sur vos joues, de vos
joues à vos nichons, nichons à votre ventre... Et
toi, poussière, regarde donc ma Mère, comme
elle est belle et fière sous la sueur et sur ses
hauts talons!... *(La Mère sourit toujours et
danse.)* Vous êtes belle, Je porterai la valise.
Zîîîîh!...

> *Il imite l'éclair. Il saisit la valise, mais la
> Mère s'en est emparée avant lui. Courte lutte.
> Ils rient aux éclats, imitent l'éclair et le
> tonnerre. La valise tombe par terre en s'ouvrant
> et perd tout son contenu : elle était vide. Saïd et*

la Mère tombent assis par terre en riant aux éclats.

LA MÈRE, *riant et tendant la main pour recevoir d'invisibles gouttes :* C'est l'orage. Toute la noce va être trempée.

Ils sortent en grelottant, coulisse de gauche. Le paravent suit le même chemin dans le même mouvement.

Commentaires du premier tableau

La scène doit être jouée très allegro, un peu, si j'en crois ce que j'ai lu, comme une arlequinade. Mais ici déjà, les costumes, indiquant la misère de Saïd et de sa Mère, seront somptueux.

Le paravent, qui vient de la droite vers la gauche, sera très léger, très maniable, de façon que le machiniste puisse jouer avec lui comme avec un accordéon : c'est-à-dire soit en l'étirant comme en largeur, soit par saccades, soit autrement, selon l'humeur du machiniste. En effet, celui-ci doit se savoir un véritable acteur, s'il veut animer le décor.

La diction : très rieuse. Techniquement, les comédiens devront, dans ce tableau, faire que leurs répliques, quelquefois, se chevauchent, c'est-à-dire que la fin d'une réplique est couverte à demi par le début de la réplique du partenaire.

Quatre branches du paravent seront bleu ciel, mais à la cinquième, blanche, celle qui sera dépliée la dernière, on verra dessiné — ou peint — un tronc de palmier, multicolore.

La valise de la Mère est en carton bouilli mais peinturluré.

Les mouvements des acteurs : la Mère, les pieds dissimulés par sa robe en guenilles avance à tout petits pas. Saïd à pas très longs. Saïd entre, mains sur les hanches, paumes renversées. Ce sera son attitude « de base ».

Maquillage de la Mère : de longues rides mauves, très nombreuses comme une toile d'araignée sur la figure. Ou une voilette[1].

Saïd : le creux des joues très noir, et autour, des pustules jaunâtres — ou verdâtres.

1. Oui, elle peut porter une voilette mauve très déchirée presque en poudre.

DEUXIÈME TABLEAU

C'est le bordel. Le paravent est blanc. Couchés sur le ventre, levant le torse face à Warda, trois clients. A gauche, immobiles, se tiennent les deux putains.

Vêtements des deux putains :

Malika : Robe de tissu d'or, chaussures noires à hauts talons, sorte de tiare orientale, en métal doré, cheveux sur les épaules. Vingt ans.

Warda : Robe de tissu d'or, très lourd, mêmes souliers, mais rouges, cheveux en un énorme chignon, rouge sang, visage très pâle. Warda a environ quarante ans.

Les hommes qui sont allongés dans le bordel sont habillés de costumes usagés, de coupe italienne (vestes courtes, pantalons étroits) taillés dans des gris différents. Chacun porte une chemise de couleur violente : rouge, verte, jaune, bleue.

Warda a un faux nez très long et maigre.

Une servante agenouillée aux pieds de Warda. Elle lui pose du blanc de céruse sur les pieds. Warda a un jupon rose vaste comme une crinoline.

A côté, sur un mannequin d'osier, un jupon et un manteau d'or.

MUSTAPHA, *il constate :* Toi es la plus belle.

WARDA, *à la Servante, d'une voix traînante :* Épais... plus épais le blanc sur mes chevilles. *(Elle se cure les dents avec une longue épingle à chapeau à tête dorée.)*... C'est le blanc qui tient la peau tendue... *(Elle crache au loin ce qu'elle avait entre les dents.)* Complètement gâtée... Tout le fond de ma bouche est en ruine.

MUSTAPHA, *à Brahim, d'une voix très vive :* Le travail d'une putain plus dur que le nôtre.

Les trois hommes ne cessent de regarder les préparatifs, bouches bées.

WARDA, *comptant ses bracelets :* Il en manque un, tu l'apporteras. Je dois être lourde. *(Un silence, et, comme pour elle-même :)* Manque un bracelet! Comme si j'étais un cercueil et qu'il manque un coup de marteau. *(A Mustapha :)* La nuit commence par l'habillage, la peinture. Quand le soleil est tombé je ne pourrais rien faire sans mes parures... même écarter les jambes pour pisser je ne pourrais, mais juponnée d'or, je suis la Reine des Averses.

La Servante se lève et lui passe le jupon d'or. Puis, une sonnette de porte qu'on ferme. De derrière le paravent, à gauche, sort un légionnaire. Il achève de boucler son ceinturon, et il sort, coulisse de gauche. Puis, paraît Malika. Un peu moins hiératique que Warda, mais pourtant hautaine, boudeuse, visage pâle, fardé de vert.

MALIKA, *elle s'arrête à la hauteur de Warda,*
mais sans regarder personne : C'en était gênant
pour lui, tant de fierté.

BRAHIM : Des crâneurs tous.

> *Warda a un geste d'agacement.*

MALIKA : Je parle du lit qui crevait de fierté
sous les billets de banque que le soldat avait
posés dessus.

WARDA, *à la Servante :* Maintenant les mains.
D'abord la céruse. Et sur le blanc tu dessines les
veines. Bleues. *(Avec ses petits pots de peinture, la*
Servante commence à peindre les mains de Warda.
A Malika :) Il voulait?

MALIKA, *immobile :* Danois ou pas Danois. Je
ne suis pas serveuse de restaurant.

WARDA : Que tu te déshabilles? *(Malika ne*
répond rien, mais Brahim et Mustapha éclatent de
rire.) Tu as bien fait de refuser. Arrange ta
ceinture.

> *Malika s'enroule dans une très longue cein-*
> *ture de mousseline d'or qui se défaisait. Elle en*
> *porte le pan à sa bouche et le baise. Warda*
> *hausse les épaules.*

BRAHIM, *se levant d'une voix très nette, très*
précise, et très vite : En France, quand on va au
bordel, la putain se déshabille. Je parle des
boxons chics, ceux avec lustres au plafond et
sous-mac sous le chapeau. A plumes. Sous le
chapeau à fleurs et à plumes. Et sous le menton
la jugulaire.

> *Il a sorti un peigne et se peigne devant Warda*
> *comme s'il se regardait dans une glace, un peu*
> *arqué.*

WARDA, *sévère et lasse* : Tu sais ce qu'il y a dans l'ourlet de ma jupe? (*A la Servante.*) Tu cueilleras une rose.

LA SERVANTE : En celluloïd?

BRAHIM, *riant, à Warda* : C'est lourd, en tout cas.

WARDA, *à la Servante* : En velours rouge. (*A Brahim :*) Du plomb. Du plomb, dans l'ourlet de mes trois jupons. (*Les deux hommes éclatent de rire. Malika, toujours solennelle, fait deux ou trois pas.*) Il faut une main d'homme pour les retourner... une main d'homme ou la mienne.

> *Les hommes rient. Warda retire de ses cheveux une épingle à chapeau et se cure les dents.*

MALIKA : N'importe qui n'approche pas de nos cuisses. On doit frapper avant d'entrer.

WARDA, *hautaine, même voix traînante, désenchantée* : Vingt-quatre ans!... Une putain ça ne s'improvise pas, ça se mûrit. J'ai mis vingt-quatre ans. Et je suis douée! Un homme, qu'est-ce que c'est? Un homme reste un homme. C'est lui devant nous qui se met nu comme une putain de Toul ou de Nancy. (*A la Servante :*) La rose rouge en velours. Mais enlève la poussière.

> *La Servante sort.*

MUSTAPHA, *se levant à son tour* : Les Français étaient bien malheureux de nous voir baiser leurs putains.

WARDA, *méprisante, exagérément* : Vous laissaient faire autre chose? Non. Alors? Ici, qu'est-ce que vous baisez? Nous autres. Les belles toujours pesantes de jupons plombés, quand vous avez ramassé au soleil dans les vignes ou la nuit dans les mines de quoi nous payer. C'est que nous portons sous nos jupes les trésors des vignes et des mines.

MUSTAPHA, *à Brahim :* Elle ne croit pas qu'on aurait le courage...

MALIKA, *l'interrompant :* A bicyclette, le courage. Quand on pédale vite pour dire en passant des saletés à la postière. Slimane..., Si Slimane.

BRAHIM, *interrompant Malika :* Toujours lui!

WARDA : Parce qu'il n'y a que lui. *(Un temps.)* Pour notre malheur.

MALIKA, *à toute vitesse :* Sur son cheval, dans seize villages à la même heure, un Kabyle de Saada m'a raconté qu'il était apparu sur son cheval dans seize villages à la même heure, mais qu'en réalité, il se reposait à l'ombre, au bord d'un sentier...

BRAHIM, *riant :* Au bord d'un sentier, d'une lèvre rose ou deux lèvres brunes? Et debout sur seize chevaux?

MALIKA, *à toute vitesse :* Pour notre malheur. Un mineur de Taroudant, qui revenait de son travail à deux heures de l'après-midi, parce qu'il s'était blessé, me l'a dit...

WARDA, *irritée, et d'une voix plus vive :* Ce qu'elle en dit c'est pour la joie des paroles, le bonheur de la conversation, parce que nous, si par malheur on prenait au sérieux les malheurs de la patrie, adieu notre malheur et adieu vos plaisirs.

BRAHIM, *à Malika. Il enchaîne très vite :* Le mineur, blessé avec quoi?

MALIKA : ... sa blessure. Me l'a dit. Un boucher de la médina, me l'a dit; le facteur de Sidi Hamed, me l'a dit; une sage-femme son homme me l'a dit ma ceinture se dégrafe.

WARDA, *très irritée, et cependant admirative :* Encore! Donne.

Elle prend la rose de velours rouge que lui tend la Servante qui vient de rentrer, elle la secoue et souffle dessus.

MUSTAPHA, *à Malika :* On te dit tout, à toi.

MALIKA : Un homme vient pour moi, ma ceinture se dégrafe. Ici c'est le bordel, les hommes se vident, on me dit tout.

BRAHIM, *riant aux éclats :* Quand ta ceinture fout le camp...

MALIKA, *gravement :* ... C'est qu'elle met les voiles, un homme est en route, qui m'apporte l'osier. Mes robes, mes épingles, mes lacets, mes boutons-pression sont au courant avant moi. Elles reniflent, mes robes, la viande qui bande. Qu'un homme, ou un employé des postes, un gamin, un gendarme ou un vieux pense à moi, s'approche ou seulement se tourne du côté du quartier, ma ceinture et ma robe se débinent. Si je ne les retenais pas, des deux mains...

Tout le monde rit aux éclats, sauf Warda.

WARDA, *à la Servante. Sa voix traînante du début :* Pense à vider la cuvette. *(A Malika :)* Et moi quand la viande d'un homme appelle au secours, robes, jupons, caracos, s'entassent sur mes épaules et sur mes fesses. Debout, elles sortent des malles pour me barder; *(A Malika :)* Tu t'épuises, Malika. Une vraie putain doit pouvoir attirer par ce qu'elle est réduite à être. Moi, j'ai travaillé des années mon décrottage de dents avec une épingle à chapeau. Mon style! (*Les deux hommes qui sont debout s'approchent d'elle à petits, tout petits pas, et la fixent.*) Fixe!

> *Elle fait un geste les tenant à distance avec son épingle dirigée vers eux. Les hommes s'immobilisent et la fixent.*

MUSTAPHA, *grave* : A mesure que tu te nippes, à mesure que tu te plâtres, c'est toi qui recules et qui nous aimantes.

Silence.

WARDA, *à la Servante, après s'être curé les dents* : Sur mes cheveux, tu rajouteras de la gomina. (*Silence. Puis, à Mustapha :*) Tu as raison de ne pas croire à l'espoir qui galope sur seize chevaux à la fois, mais...

MUSTAPHA, *grave* : Pour te voir je viens des mines de phosphates. Je te vois, c'est à toi que je crois.

WARDA : Mes toilettes! Dessous, il n'y a plus grand-chose...

MUSTAPHA, *s'approchant d'un pas* : S'il y avait la mort...

WARDA, *l'arrêtant d'un geste* : Elle y est. Tranquillement au travail. Je te parlais des chevaux...

AHMED, *se levant d'un bond* : La haine des étrangers, elle est là?

MALIKA, *surprise, mais fixant Ahmed* : Sous ma ceinture? Le feu qui vous y brûle quand vous entrez, il vient d'elle.

AHMED : Elle est là?

BRAHIM, *une main sur son cœur, mais sans cesser de fixer Warda :* Cent ans après ma mort, elle y sera encore.

AHMED : Elle est là?

MUSTAPHA, *sans cesser de fixer Warda :* Dans mon caleçon? Elle y cogne plus dur que dans le cœur de Brahim. Elle y brûle plus que sous la ceinture de Malika.

AHMED : Elle est...

WARDA, *sèche, la voix soudain très ferme :* Connerie. La terre — si la nuit qui entoure le boxon est épaisse — la terre des murs est poreuse. Et vos femmes sont à l'écoute comme on écoute la radio. La haine!

> *Elle crache ce qu'elle vient de s'arracher d'une dent.*

AHMED : Si elle est sous les ceintures, sous les braguettes, pourquoi l'espoir n'y passerait pas en courant?

MALIKA : Qu'il ne galoperait pas, sur seize chevaux, parmi seize sentiers, pour s'y reposer à l'ombre... *(A Ahmed, provocante :)* Si tu montes avec moi, si tu as envie, je te fais cadeau du cadeau.

WARDA, *sèche :* Connerie. *(Elle éclate d'un rire strident très, très long. Un silence. Elle a soudain comme une colère.)* Des mots bizarres, maintenant, arrachés des pages des journaux et des prospectus. Voilà à quoi ça mène d'être au bordel et de ne pas se vouloir une putain totale, travaillée jusqu'au squelette. *(A la Servante :)* Mon manteau.

Tout cela sera dit très vite.

*La Servante va prendre le manteau qui est
sur le mannequin d'osier et l'apporte, cependant
que Warda éclate à nouveau du même rire.*

AHMED, *toujours exalté :* Et si...

*Mais on entend la sonnette d'une porte
d'entrée qu'on ouvre et qu'on referme. Tout le
monde se tait et regarde. Warda se retourne et
fait un geste, puis, sauf elle et Malika, tous
retiennent une envie de rire.*

WARDA, *parlant en direction de la scène, où il n'y
a personne, et repoussant Mustapha qui s'appro-
chait :* Déboutonne-toi, Saïd, je monte. (*A la
Servante :*) La cuvette?

LA SERVANTE : Rincée.

*Warda passe derrière le paravent, très solen-
nelle. Un assez long silence.*

MALIKA : Il doit passer avant, il l'a retenue
depuis la veille de sa noce. (*La Servante s'est
agenouillée à ses pieds et commence à vernir ses
ongles. A Ahmed :*) Tu pourras soulever mes
ourlets plombés?

AHMED, *après avoir regardé sa montre :* Chez
moi, la soupe est sur le feu, faudra faire vite.

Un silence.

MALIKA : Putain, c'est tous les soirs la noce.
Pour nous comme pour vous. (*Encore un
silence.*) Elle a raison, Warda : à qui offrir notre
vie et nos progrès dans notre art, à qui sinon à
Dieu? Comme les flics, en somme. On se
perfectionne pour Dieu...

Ces deux répliques peuvent être supprimées pour les représentations de la pièce.

*Les hommes, et la Servante toujours accrou-
pie devant Malika, reculent dans la coulisse de
droite, cependant que Malika va, droit devant
elle, afin de sortir à droite.*

Commentaires du deuxième tableau

Quand Warda, après s'être curé les dents, crache, il faut que l'on voie son crachat sur une branche du paravent. Pour cela, je crois que la comédienne doit avoir dans la bouche un peu de farine colorée de vert.

D'ailleurs, Warda sera montée sur un escabeau de deux ou trois marches, et son manteau doré, quand il sera sur elle, recouvrira l'escabeau.

On devra bien distinguer l'épingle à chapeau, dont le cabochon sera excessivement orné, avec laquelle Warda se décrotte la gueule.

Le Légionnaire, tout en bouclant son ceinturon, sort de derrière le paravent représentant le bordel, et se dirige, nonchalamment, vers le fond. Le Légionnaire, comme tous les soldats et tous les Européens, sera très grand, monté sur des semelles et des talons de vingt ou trente centimètres. Épaules très larges. Uniforme très ajusté et très soigné. Képi perché sur l'œil. Maquillage du visage : bleu, blanc, rouge.

Les rires des Arabes seront orchestrés : c'est très important.

Quand Warda passe derrière le paravent, en réalité, elle passe entre les deux branches du paravent qui se sont écartées devant elle, et qui se referment derrière elle.

Quant aux fins et aux débuts de répliques qui se chevauchent il faudra faire très attention : les acteurs devront se faire comprendre du public. Il faudra donc harmoniser leurs timbres et leur diction, et bien enchâsser les syllabes.

La sortie du bordel en coulisse doit se faire comme ceci : le paravent, qui le représente, passe sur le devant de la scène, pour entrer en coulisse, et, quand le paravent a complètement disparu, le public s'aperçoit que les acteurs ont aussi disparu : ils passaient en coulisse, mais masqués par le paravent en marche.

Le mannequin, que j'ai dit d'osier, apparaîtra très beau quand la Servante l'aura débarrassé de son manteau doré. Ce manteau sera un peu comme une chape de Saint-Sacrement, et descendra jusqu'aux pieds de Warda, ou plutôt, jusqu'au bas de l'escabeau sur lequel Warda est montée. C'est d'ailleurs sur cet escabeau, et avec lui, qu'elle traversera le paravent qui s'écarte devant elle, pour aller retrouver Saïd.

TROISIÈME TABLEAU

Coupant le coin de la scène, le paravent à quatre branches représente l'intérieur de la maison de Saïd. Très pauvre intérieur. Sur le paravent sont dessinés un four, quatre casseroles, une poêle à frire, une table. Près du paravent, un seau et un tabouret très bas sont posés.

Leïla aura toujours le visage recouvert d'une sorte de cagoule noire percée de trois trous pour : la bouche, l'œil droit, le gauche.

La Mère porte sa robe de satin violet. Elle la portera éternellement.

Quand la lumière s'allume, Leïla est seule. Elle court et saute autour d'un pantalon rapiécé — de pièces multicolores — et usé, qui tient debout vers le côté gauche de la scène.

LEÏLA, *elle fait signe, avec son doigt, au pantalon d'approcher. Il ne bouge pas. Elle va donc à sa rencontre, penchée en avant, à tout petits pas. Elle se campe devant lui. Elle lui parle :* ... Alors, non, on bouge pas ? On se promène la nuit dans mes nuits, on laisse le vent trousser ses manches, mais devant moi on fait le mort. Tu es pourtant prêt à tout : marcher, pisser, cracher, tousser, fumer, péter comme un homme, et te mettre à cheval, et moi à cheval sur toi... *(Venant de la coulisse, on entend deux ou trois gloussements de poules, des roucoulements de pigeons, le chant d'un coq, un aboiement. Tout cela est très sonore, et comme légèrement parodique.)*... pas de doute, tu es mieux foutu que Saïd. Même si tes cuisses ont la forme des siennes, tes cuisses sont plus belles. *(Elle tourne autour du pantalon et le regarde, très attentivement.)* Tes fesses sont plus rondes. Que les siennes. *(Un temps.)* Mais tu pisses moins loin. Viens... saute sur moi... si seulement tu arrivais à faire trois mètres — d'ici la porte — après, ce serait facile, toi et moi on s'enfonce dans la nature... sous le prunier... derrière le mur... derrière un autre mur... la montagne, la mer... et moi sur ta croupe, sur la selle rebondie de tes deux fesses, je t'en ferais baver... *(Devant le pantalon, elle imite une cavalière.)* Hop là, Hop! Hop! Hop là! Hé hop! Hop, hop, hop, hop, hop, là! Je te cravache, je te crève, je t'éreinte, et arrivés au pied du mur, je te déboutonne, je te reboutonne, et mes mains dans les poches...

LA MÈRE, *de la coulisse :* Ne rentrez pas. Vous avez eu du grain pour la journée.

> *On entend à nouveau les mêmes cris de basse-cour : poules, coqs, chien, cochon... Leïla prend le pantalon, s'assied par terre et commence à coudre.*

LA MÈRE, *elle entre.* C'est elle qui imitait les animaux. Elle continue un moment, puis : A un phalzar! Des déclarations d'amour à un phalzar rapiécé. Et croire qu'il accepterait une promenade avec toi! (*Elle hausse les épaules.*) Il vaut mieux que je te le dise une fois pour toutes, et d'une façon claire, parce que Saïd n'osera pas. Et il n'a pas ma bonté : tu es moche.

LEÏLA, *sans cesser de coudre :* Quand j'étais belle...

LA MÈRE : Moche. Ne bave pas sur ta cagoule.

LEÏLA : ... Belle... La nuit...

LA MÈRE : On te laisse sous cloche, comme le roquefort à cause des mouches.

LEÏLA : La nuit, vous croyez que j'épouse Saïd qui n'a pas un sou? Et qui n'est pas beau? Et qu'aucune femme ne regarde? Quelle femme s'est déjà retournée sur Saïd?

> *Elle pousse un cri et suce son doigt.*

LA MÈRE, *se retournant :* Elle t'a encore piquée?

LEÏLA, *parlant de l'aiguille :* La blâmez pas, elle joue.

LA MÈRE : Et le feu, il joue aussi, qui ne veut jamais s'allumer le matin quand c'est toi qui casses les fagots? Et quand tout le sel de la boîte tombe dans la marmite, le sel joue avec toi? (*Elle montre un endroit du pantalon.*) Et ton morceau de coutil qui est tourné à l'envers, il joue à quoi?

LEÏLA, *regardant à son tour :* C'est vrai. Mais c'est vrai, il s'est posé à l'envers. Saïd sera désolé!

LA MÈRE : Il s'en fout. Un pantalon, il sait ce
que c'est. Il y met ses grandes jambes, son cul et
le reste. Ses grades... S'il le pose pour la nuit,
c'est son pantalon qui veille sur une chaise, et
qui te garde et te fait peur. Il veille, te surveille,
Saïd peut pioncer. Il sait qu'un phalzar doit
vivre, et ce qui le rend plus déluré, c'est ses
pièces, et les plus vivantes, c'est les pièces à
l'envers. Ne t'inquiète pas. Saïd, lui comme moi,
il aime autant que tout foute le camp de travers,
et de plus en plus jusqu'à qui sait quelle étoile,
jusqu'au moment où le malheur — tu
m'écoutes ! — sera si grand que ton mari
éclatera. De rire. Éclatera. De rire. Puisque tu es
laide, sois idiote.

LEÏLA : D'après vous je dois chercher à devenir
de plus en plus con ?

LA MÈRE : Essaye toujours, on verra ce que ça
donnera. Et boucle !... Tu as l'air d'être en
bonne voie. Ne bave pas sur ta cagoule.

LEÏLA : Un peu plus de bave, c'est bien la
preuve que je deviens plus idiote.

LA MÈRE : Si ta cervelle pourrit, on sera averti
par l'odeur. Tu vas nous empester un bout de
temps. Après, il n'y aura plus qu'une odeur de
moisi. Un peu après... mais pour en arriver là...

*Une ombre gigantesque — celle de Saïd —
apparaît sur le mur blanc formant le fond de la
scène. Elle reste immobile. Les deux femmes ne
la voient pas.*

LEÏLA, *cousant toujours :* Et Saïd, votre fils et
mon époux, dans tout ça ?

LA MÈRE : La nuit venue tu iras au lavoir. Tu

feras la lessive au clair de lune. Ça te gercera un peu la peau des doigts.

LEÏLA : Et le cri des poules, vous croyez...

LA MÈRE : La ferme est utile. Je veux qu'il y ait une basse-cour autour de nous, et qu'elle nous sorte du ventre. Les coqs, tu y arrives ?

LEÏLA, *avec application :* Coc!... Coc... Cocorico!

LA MÈRE, *coléreuse :* C'est d'un coq abîmé. Je n'en veux pas. Recommence.

LEÏLA, *d'une voix vibrante :* Cocoricoooh!

> *On entend un raclement de gorge comme si quelqu'un allait cracher.*
>
> *Saïd s'est approché. Il est maintenant visible. Il porte une musette sur l'épaule. Sans regarder personne, il s'arrête et jette sa musette par terre, puis il crache.*

SAÏD : Le fromage était mêlé à la confiture. J'ai mangé mon pain sec. *(A Leïla qui faisait le mouvement de se relever :)* Reste accroupie. Couds.

LA MÈRE : Je vais tirer un seau d'eau.

> *Elle ramasse le seau et sort, à gauche.*

SAÏD, *sombre et tête baissée :* Et comme chaque soir mon œil est mauve.

LEÏLA : La soupe sera prête dans une demi-heure. *(Un temps.)* Elle sera trop salée.

> *Tout sera dit de plus en plus vite, comme pour une libération.*

SAÏD, *dur :* Tu ne me demandes pas pourquoi je me suis battu parce que tu le sais. *(Un temps.)* Un jour, j'ai ramassé toutes mes économies, j'ai fait le compte, j'ai ajouté tout ce que j'avais récolté en petits bibelots...

LEÏLA, *soudain très grave :* Tais-toi, Saïd.

SAÏD, *continuant de plus en plus méchant et vite :* ... et j'ai fait des heures et des journées supplémentaires, et j'ai fait encore le compte : ça ne donnait pas beaucoup. *(Leïla est prise d'un très fort tremblement.)*... Ensuite, j'ai regardé autour de moi, j'ai fait le tour de tous les pères pourvus d'une fille : *(Il le chante.)* il y en avait, il y en avait! Des dizaines, des centaines, des milliers...

LEÏLA, *tremblant de plus en plus et tombant à genoux :* Je t'en prie, Saïd, tais-toi! Je t'en prie! Seigneur, je vous en prie, bouchez vos oreilles, ne l'écoutez plus!

SAÏD, *reprenant souffle :* ... des centaines de milliers, mais tous, tous, demandaient quelques sous de plus pour vendre la plus moche qui leur restait. Alors, j'ai été désespéré. Je n'osais pas encore penser à ton père...

LEÏLA, *pleurant aux pieds de Saïd :* Saïd, mon beau Saïd, tais-toi! Seigneur, Seigneur Dieu ne l'écoutez plus, il vous ferait mal!

SAÏD : ... enfin, j'ai osé penser à lui et la bonté m'a noyé. J'ai dû recevoir la plus laide, et ce ne serait rien à côté de mon malheur, mais la moins chère, et maintenant je dois me battre tous les soirs avec les autres ouvriers agricoles qui se foutent de moi. Et quand je rentre après une journée de travail, au lieu de me consoler tu fais exprès de t'enlaidir par les larmes. *(Leïla, marchant accroupie, presque rampante, sort par la coulisse de gauche.)* Où vas-tu?

LEÏLA, *sans se relever, sans se retourner :* Me moucher dans le jardin, laver ma morve et mes larmes, et me consoler dans les orties.

Elle sort.

SAÏD, *seul. Il défait une de ses bandes molletières et se gratte la jambe :* Ce soir, il faut que je continue le mur de la grange de Djelloul. Et pour payer son père ! Il faut que tous les jours je me batte. *(On entend des roucoulements de pigeons.)*... Et puis ce pognon, tout ce pognon qu'il faut sortir pour le bordel ! le boxon !

Rentre la Mère, très lentement. Pliée sur le côté droit, car elle porte le seau d'eau plein. Elle se redresse quand Saïd semble vouloir s'approcher d'elle pour l'aider.

LA MÈRE : On se privera. Toi, va jusqu'au bout de tes forces. Elle, jusqu'au bout des siennes. On verra bien.

Elle pose le seau d'eau.

SAÏD : Dans les orties, qu'est-ce qu'elle fait ?

LA MÈRE : Elle s'occupe de la ferme.

On entend, imités dans la coulisse par Leïla, les bruits de l'imaginaire basse-cour. La Mère éclate d'un rire qui la plie en deux, et qui se mêle aux chants des coqs et des pigeons. Mais déjà, dès la dernière réplique de Saïd, le paravent était en marche, pour sortir à gauche, et, dans le même mouvement, apparaissait à droite le paravent du quatrième tableau.

Commentaires du troisième tableau

Le paravent, cette fois, est entré brusquement venant de gauche (quand je dirai gauche — ou droite, je serai dans la salle, non sur la scène).

Les chants de la basse-cour doivent être très harmonieux. Et il ne s'agit pas seulement des poules, mais des poussins, d'un chien, d'un âne, c'est-à-dire que dans la coulisse ou derrière le paravent plusieurs acteurs contreferont ces cris.

Les cris des animaux seront bien imités, mais soulignés par des rires aussi importants qu'eux.

Les rires ont pour but de se moquer des cris, de Leïla, et de la misère dérisoire de cette parade.

Quand Saïd sera visible du public, sa musette sur l'épaule, il montrera d'abord du dégoût pour Leïla et la basse-cour, puis il surmontera sa désolation, et sera crâneur. — Il prendra des postures de samouraï vainqueur, qui n'a pas cessé d'intimider un invisible adversaire : il mettra en évidence son cou gonflé, son torse, son cul, ses mollets.

La Mère sera toujours très légère, avec de très jolis mouvements.

QUATRIÈME TABLEAU

Le paravent — cinq branches — représente un champ de palmiers nains. Un soleil rond peint dans un ciel très bleu. Devant le parapet, une brouette, rouge.

Vêtements de Habib : Pantalon noir, chemise jaune. Espadrilles blanches.

Saïd : comme toujours.

Sir Harold : Quarante-cinq ans. Très viril selon le langage des colons : bottes, casque de liège, gants, badine, culotte de cheval. Il tient les rênes d'un cheval qui doit être dans la coulisse de droite. Mais lui aussi doit avoir un physique très carica-tural : épais cheveux roux, grosse moustache très dure, menton rouge, énormes taches de rousseur, etc. Lui aussi, comme le Légionnaire du deuxième tableau est monté sur des semelles de trente centi-mètres.

SIR HAROLD, *à Saïd qui pousse une brouette :* Crache dans tes pognes, ça donne du courage. *(Saïd ne bronche pas.)* Crache, nom de Dieu! *(Il prononce* nomdeuilleux.*)*

SAÏD : Crache. *(Un temps.)* Mais sur qui, Sir Harold?

SIR HAROLD : Dans tes mains, puisque j'ai dit tes pognes.

HABIB, *un Arabe, doucereux :* Il ne faut pas lui en vouloir, Sir Harold. Il est jeune. Il n'a pas encore été en France. Il ne connaît ni la tour Eiffel ni Massy-Palaiseau.

SAÏD : J'y serai peut-être avant longtemps.

SIR HAROLD : Tu penses à t'expatrier? Et ta moukère, tu l'emportes?

HABIB, *riant aux éclats et se tapant sur les deux cuisses à la fois :* Voilà! Voilà, Sir Harold, c'est sur elle, pas dans ses mains, qu'il fallait lui dire de cracher.

SAÏD : Ne l'écoutez pas. Si je traverse la mer c'est pour gagner davantage. Mon cousin m'a dit qu'il y a de l'embauche et que je ferai des économies.

SIR HAROLD, *au cheval supposé être dans la coulisse :* Tranquille, Bijou! *(A Saïd.)* Tu as besoin de faire des économies? Ça te servira à quoi? Tu gagnes pour vivre.

HABIB, *se redressant :* Moi, je peux vous dire pourquoi. *(Il sort de sa poche son paquet de tabac.)* Je peux me permettre d'allumer une cigarette, Sir Harold? Parce que moi, vous savez, c'est seulement quand le patron est là que j'en profite pour fumer. Le travail c'est le travail. Il faut le faire et on peut avoir confiance en moi. *(Il roule sa cigarette.)* Oui, je peux vous dire pourquoi?

Il rit.

SAÏD, *résolu :* Mes affaires ne regardent que moi.

HABIB : Alors on n'en parle pas. Je ne te demandais rien.

SAÏD : Si. Tu me parlais tout le temps de ma tristesse, et que ce n'était pas gai d'aller piocher avec un gars aussi triste que moi.

HABIB : Et tes soupirs? Hein, tes soupirs? Tu engloutissais les hirondelles, à force de bâiller, et il n'en restait plus pour avaler les pucerons. La vigne a souffert à cause de ses soupirs. Les vignobles, vos vignobles, Sir Harold...

SAÏD : On est en été, et les hirondelles sont en route pour la France! ce n'est pas moi qui les avalais, mais je sais que tu m'accuseras de tout le mal du monde. Et tu auras le toupet de venir déchiffrer ce qu'il y avait sur ma figure. Alors, autant te le dire comme on parle.

HABIB, *têtu :* Je n'avais rien lu du tout. C'est toi qui as parlé. Et maintenant je sais pourquoi tu vas t'embaucher au Creusot. Et je peux dire que tu nous fais honte à tous, puisque Leïla est ma cousine.

SAÏD : De si loin... de si loin... qu'elle apparaît comme un haricot à trente mètres.

HABIB : S'il y avait entre son sang et le mien la distance de tous les haricots d'un boisseau elle resterait ma cousine, et sa honte me causerait une légère — oh, si légère! — légère honte.

SAÏD : Je rapporterai assez d'argent pour acheter une plus belle.

HABIB : Mais la moche?

SIR HAROLD, *même jeu que précédemment :* Tranquille, Bijou!

SAÏD : Ta cousine?

HABIB : Oh, de si loin! Enfin, si tu veux...
pour t'en débarrasser, il faudra payer son père
pour la honte du divorce. Et raquer, et raquer, et
raquer l'oseille du Creusot. *(Comme parlant au
cheval qui est censément dans la coulisse.)* Tout
doux, Bijou, belle Bijou!... Ça doit galoper si
légère — c'est une bête pour la nuit quand tout
dort — si légère, son sabot n'obligerait pas une
tige de foin à se plier. C'est la bête qu'il faut pour
un si beau domaine : hectares ici, hectares au
loin, hectares jusqu'au bord du ciel. *(A Saïd :)*
Ramener le pognon du Creusot c'est vite dit,
mais...

SIR HAROLD, *ton de juriste :* A moins qu'elle ne
le fasse cocu durant son séjour dans la métropole. Il aurait alors le prétexte.

HABIB, *riant :* Cocu! Oh, Sir Harold; vous
vous foutez de sa gueule! C'est Saïd qu'on
sauterait, pas sa femme.

SIR HAROLD, *à Saïd :* Elle est vraiment si laide
que ça?

SAÏD, *tête basse et timidement :* Oh yes, Sir
Harold.

SIR HAROLD : Et tu veux traverser la mer pour
en gagner une plus belle? Mais une paire de
cuisses c'est une paire de cuisses! *(Il rit aux
éclats et se tape sur les cuisses avec sa badine.)* Ah,
ah! Ahala, ces mahométans! Pauvre Saïd! Garde
ta femme pour recoudre tes boutons et va les
découdre au bordel! *(Soudain, il s'impatiente. A
l'Arabe :)* Viens tenir Bijou un moment. *(Habib,
qui fume, s'approche de la coulisse et prend les
rênes. Sir Harold s'approche de Saïd. Il crache*

dans ses mains et saisit la brouette.) Nom de Dieu! Comme ça, je t'ai dit. Comme ça! Ta mère ne t'a jamais rien appris? *(Nerveux et irrité, il revient à son cheval. A Habib :)* Allez, ouste, au travail.

      Il sort comme s'il montait à cheval.

HABIB : Vous partez déjà, Sir Harold?

VOIX DE SIR HAROLD, *de la coulisse :* Pas tout à fait. Mon gant vous gardera.

      Un merveilleux gant de pécari arrive, jeté de la coulisse. Il reste comme suspendu dans l'air, au milieu de la scène.

SAÏD, *qui était baissé :* Tu avais bien besoin de lui dire tout ça?

HABIB, *un doigt sur sa bouche, puis montrant le gant :* Chut!...

SAÏD, *effrayé :* Seigneur! Qu'est-ce qu'il y a dedans? Son poing?

HABIB : De la paille. Bien bourrée, pour faire comme s'il y avait son poing... *(Un temps.)* Faire que ça paraisse plus dangereux... *(Un temps.)* Faire que ça soit plus vrai...

SAÏD, *regardant l'objet :* C'est plus beau.

HABIB, *sarcastique :* Eh, oui! *(Long silence.)* C'est le soir, il faut rentrer. *(A voix basse :)* Chaque doigt écoute avec une oreille grande comme un parapluie... Faire gâfe!...

      En effet, le soleil dessiné sur le paravent s'est effacé.

SAÏD, *tombant à genoux :* De toi, je ne sais pas, mais il n'apprendra rien de mal de moi. Oui, je soupire, ô gant en pécari, ô bottes de cuir fauve, ô culottes de basane, je bâille et j'avale des compagnies d'hirondelles, mais pourquoi se foutre de moi?

HABIB : N'y pense plus. *(Regardant au loin.)* En ce moment, il engueule Kacem qui a fait couler trop d'eau en ouvrant les vannes. Il enfourche sa jument, il s'enfonce dans le crépuscule. *(Regardant devant soi, il semble parler au cheval qui est là.)* Bijou! Bijou! Un jarret blanc. Des jarrets blancs. Un œil moqueur. Autour de ton corps l'air est vif. Tu rigoles, Bijou? Mes cuisses autour de ton joli ventre rond... Au pas, Bijou... dans le clair de lune, au pas, Bijou... *(Après un silence.)* Cette nuit, la ferme de Boujad va flamber. *(Silence.)* Et l'argent pour la traversée?

SAÏD, *inquiet* : Tu me soupçonnes?

Dès ce moment, dans le fond de la scène, s'élève un praticable.
La nuit se fait peu à peu.

HABIB, *ironique* : Pas encore. Mais un homme qui a formé le projet grandiose de traverser la mer salée... Hein? Pas à la nage?

SAÏD : Je vais travailler. *(Frissonnant.)* Y a le vent qui se lève.

Les deux hommes imitent avec la bouche le bruit du vent, et grelottent.

HABIB : Quand le soleil s'est couché, avec une lanterne ou un briquet tu vas sarcler les betteraves?

SAÏD, *inquiet* : Donc, tu me soupçonnes?

Sur le praticable du fond, apparaît le

*paravent blanc de la prison du cinquième
tableau.*

> *La nuit est totale.*

HABIB, *d'une voix très nette, très découpée :* Je te
l'ai déjà dit : entraîne-toi à cracher dans tes
mains, ça fait travailleur de force. Il se passe des
choses. Le pays a la chair de poule. A cause des
gants de pécari? On a la chair de poule parce
qu'ils ne nous foutent plus la chair de poule.
Crache dans tes mains, Saïd... Pas d'étriers, pas
de bride, pas de selle, seulement mes cuisses
pour la mener. On traverserait la nuit.

SAÏD : Y a le vent!

> *Saïd et Habib sortent en tournoyant, comme
si le vent les emportait, coulisse de gauche. Le
paravent sort avec eux, même direction. Mais
déjà Taleb, la Mère, Leïla sont en scène et
s'engueulent.*

Commentaires du quatrième tableau

La préoccupation principale dans cette scène doit être, sera, de faire pressentir l'importance des Européens, dont Sir Harold est le symbole.

Il sera très grand, et à côté de lui les Arabes auront le dos courbé. Ils marcheront pieds nus.

Les Arabes parleront d'une voix très fragile, qui se brise par instants, par moments une voix de fausset. Sir Harold aura le timbre très sonore.

Pendant leurs répliques, il les examinera avec une curiosité souriante.

Le gant de pécari sera énorme, suspendu soudainement au-dessus des Arabes.

CINQUIÈME TABLEAU

Dans le coin gauche de la scène, le paravent (quatre branches) représente la façade de la prison : la grande porte, et, de chaque côté, une fenêtre basse, garnie de barreaux.

Accrochée à la fenêtre une couverture multicolore faite de bouts rajoutés.

Vêtements de Taleb : Pantalon vert, veste rouge passée directement sur son torse, souliers blancs.

La Mère, Leïla, puis Taleb, le volé. Ils viennent de la coulisse de gauche, et sont entrés dans cet ordre. On entend Taleb alors que seule la Mère est visible.

TALEB : Plus neuf mille francs que m'a coûtés l'inondation, ça fait dix-sept mille deux cent trois francs de perdus. L'inondation est arrivée au mauvais moment... On aurait dit qu'elle avait décidé d'aggraver le cas de Saïd. Il aurait volé ma veste à l'époque où la récolte est bonne, ça changeait. *(Avec force :)* La poisse, l'inondation, c'est la poisse, le vol, la poisse et Saïd mêlé à ma poisse. Et pourtant, moi aussi, je sais chaparder.

LA MÈRE, *sans se retourner :* Dire qu'on pose, pierres sur pierres, les prisons au sommet des collines, et que ça monte pour arriver jusqu'à la porte. Ah, mon bâton !

Tous les trois commencent la montée du praticable du fond. Ils suent. Et ils s'arrêtent pour s'engueuler.

TALEB : C'est pas un voleur ordinaire, dans un sens ; je faisais des économies, j'étais sur le point d'acheter ma pétrolette : à la fois les inondations et Saïd.

LA MÈRE, *essoufflée, et s'épongeant avec un chiffon qu'elle jette à Leïla :* Tiens, éponge-toi. C'est le torchon des culs de casseroles. *(Elle rit.)* Torche-toi un bon coup.

TALEB : Ruiné ! J'étais ruiné, parce que Saïd...

LA MÈRE, *le menaçant avec son bâton :* Fous le camp !

Taleb fait un mouvement pour s'en aller mais Leïla le retient par la veste.

LEÏLA : Pas dix-sept mille puisqu'on a rendu les huit mille. Saïd a été honnête. Il aurait pu dire qu'il les avait perdus ou que tu les avais revolés.

TALEB : C'est toi qui le défends ! S'il a volé le pognon dans ma veste rouge posée sous le figuier, c'était pour payer la traversée, aller marner — si tu veux bosser — en France, économiser et s'acheter une autre femme.

LEÏLA : C'est ce qu'il dit. Mais au lieu de me quitter, il s'est laissé prendre, tabasser, enfermer en prison au-dessus de chez nous.

LA MÈRE, *haussant les épaules et frappant le sol*

de son bâton : Saïd fait ce qu'il veut. Il est en prison.

TALEB : J'ai retiré ma plainte.

LA MÈRE : Retiré? *(Menaçante :)* Tes plaintes sont plaintes pour l'éternité.

TALEB : J'ai fait dire à travers le village qu'il avait bien fait : ma veste est rouge et au crépuscule, elle pouvait passer pour la sienne.

LA MÈRE : Les gens continueront à savoir que c'est un voleur. Et quand je me disputerai avec les femmes du village, les salopes, elles pourront m'insulter et inventer mille choses sur Saïd et sur moi.

LEÏLA : Et sur moi?

LA MÈRE, *haussant les épaules :* Plus rien à dire sur toi. Idiote.

TALEB : Quelles choses?

LA MÈRE : Elles diront d'abord que c'est un voleur, donc : qu'il pue des pieds, des dents et de la gueule, qu'il suce son pouce, qu'il parle à haute voix quand il est tout seul... De moi, on dira ce qu'il y a à dire : que j'ai chié un voleur.

TALEB : Pour leur répondre vous trouverez bien d'autres insultes.

LA MÈRE : Pas si facile. On peut avoir le souffle coupé, la langue arrachée, la vue embrouillée par une insulte juste. Alors que faire? *(Elle se redresse. Avec fierté :)* Ah, si j'étais Saïd!... Elles tomberaient à genoux. Les jambes écartées, d'aplomb, je déboutonnerais ma braguette. Mais je n'ai que mes insultes. Si je trébuche, les autres femmes courent en chercher de nouvelles.

TALEB : La rage vous fera aller plus vite qu'elles.

LA MÈRE, *menaçante. Elle poursuit Taleb qui se sauve :* Tu essaies de m'avoir à la flatterie! Va-t'en! Fous le camp!

LEÏLA, *à la Mère :* Moi, je vous aiderai. Des ordures, j'en ai un tombereau en réserve.

LA MÈRE, *haussant les épaules :* Ne te mêle pas de ça, ma bru.

LEÏLA : Chaque nuit j'en apprends de nouvelles. Ça peut servir.

LA MÈRE : Alors, tu ne dors pas?

LEÏLA : A ma façon, la mienne.

TALEB, *de loin :* Le figuier, vous le savez, c'est l'arbre du malheur, celui du diable...

LA MÈRE : Fous le camp. Va chier avec tes figues. Si ta veste était posée sous le figuier, sous l'arbre du malheur, il ne fallait pas accuser Saïd.

TALEB : J'ai d'abord accusé le fils Ben Amar.

LA MÈRE, *folle de rage :* Nous voilà beaux! Toute la famille Ben Amar sur les reins! Va-t'en ou je te casse mon bâton sur le dos!

Taleb s'en va définitivement. La Mère et Leïla s'assoient auprès de la porte de la prison. Long silence, coupé des soupirs de Leïla.

LA MÈRE, *riant :* Tu donnes toujours trop de grain aux poules. Je te l'ai dit, une demi-casserole suffit.

LEÏLA : C'est peu, vous savez.

LA MÈRE, *plus douce :* Qu'elles aillent voler ailleurs.

LEÏLA, *très grave :* J'y ai pensé, mais vous croyez que c'est facile de passer sous le treillage des cours? Et tous les coqs qui font la police avec un bâton et des becs de pierre dure?

LA MÈRE : Qu'elles aillent. Tu n'as qu'à leur apprendre.

LEÏLA, *très calme :* J'en ai repéré une, la noire, plus vicieuse que les autres. Si elle pouvait donner une vraie leçon aux poules blanches!

LA MÈRE : N'oublie pas aussi d'aller couper les roseaux. (*Long silence, puis les deux femmes chantent une sorte de mélopée, bouche fermée. Enfin paraît Saïd, un baluchon sur l'épaule. Il ne salue ni sa mère ni sa femme. Les deux femmes se lèvent.*) Tu as pensé à ramener la vieille couverture?

Un temps.

SAÏD, *il prend la couverture et la lance à la Mère :* Oui. (*Ils marchent sans se déplacer, cependant que le paravent recule dans la coulisse de gauche. Enfin, ils s'arrêtent.*) Demain, je vais m'embaucher aux phosphates.

Un temps.

LA MÈRE : Et l'argent?

Un temps.

SAÏD : Par mandat.

LA MÈRE, *s'arrêtant pour examiner Saïd :* Mais c'est vrai que tu as changé.

SAÏD : C'est le manque d'air.

Ils reprennent leur marche en silence et soudain c'est la nuit. Sur le paravent apparaît un croissant de lune que le gardien de la prison vient de dessiner.

SAÏD, *à Leïla :* Leïla.

LEÏLA, *elle s'arrête :* Oui, Saïd.

SAÏD : Enlève ton voile, que je regarde.

LEÏLA, *tournée vers lui :* Pas la peine, Saïd. Je suis toujours aussi moche.

LA MÈRE, *riant :* Qu'est-ce que tu supposes qu'il s'est passé quand tu étais en prison? Qu'un ange est venu la visiter? Qu'il a craché sur la gueule pour l'effacer et lui refaire une belle tête de pin-up?

Elle se remet en route.

LEÏLA, *doucement :* Tu veux? (*Silence.*) Sous un coin de lune, tu veux me voir, Saïd?...

SAÏD, *dur :* Non.

Ils reprennent leur route. Ils font quelques pas.

LEÏLA, *qui suit assez loin derrière :* Je suis toute seule.

LA MÈRE : Et après? Fais comme moi : dans la nuit, au bruit du vent dans le feuillage, apprends à reconnaître les différentes espèces d'arbres de la forêt, c'est un passe-temps, et ça te rendra raffinée... Si pas ton œil, en tout cas, l'oreille... (*Montrant la coulisse :*) Mais regardez-les, toutes prêtes pour l'enterrement! Ça doit être de bonne humeur, là-bas!

Ils sortent, coulisse de droite, tous les trois.

Commentaires du cinquième tableau

Cette scène doit donner une impression de découragement.

Taleb est honteux d'être un volé.

La couverture, quand Saïd la lancera à la Mère, doit apparaître très belle, de toutes les couleurs.

Déjà dans cette scène, un début de complicité doit paraître entre la Mère et Leïla.

Et à la fin de la scène, entre Saïd et Leïla, comme une ébauche de tendresse.

Très vite, le praticable chargé du paravent de la prison est alors escamoté à gauche.

SIXIÈME TABLEAU

Déployé contre le mur du fond, le paravent — à cinq branches — représente la place d'un village arabe : un palmier peint, un tombeau de marabout. Devant le paravent, un parapluie ouvert est appuyé, mais renversé. Soleil éclatant peint dans un ciel très bleu.

Toutes les femmes — sauf la Mère, en violet — seront vêtues d'une robe noire. Sur leur tête, un voile noir. Au début, en scène, elles sont trois : Chigha, Kadidja, Nedjma.

CHIGHA, *environ quarante ans. Elle marche à petits pas venant de droite, vers la coulisse de gauche. Elle crie :* Dépêchez-vous. Si on est en retard, il n'y aura plus de mouches! *(Fredonnant.)* Les mouches! Les mouches! Les mouches!...

KADIDJA, *environ soixante ans :* Même en hiver quelqu'un a connu un mort sans mouches? Cadavre sans mouches, sinistre cadavre. Elles font partie, les mouches, du deuil.

Elle retrousse sa jupe pour rattacher à sa jarretelle son bas noir qui tombait.

CHIGHA, *riant :* Alors, ma maison est en deuil depuis longtemps. On y enterre à longueur de journée, probablement : elle est portée par les mouches. Mouches dans les caves, mouches au plafond, et leurs merdes sur ma peau...

NEDJMA, *vingt ans, avec un visible dégoût :* Si les étrangers nous méprisent, c'est parce qu'il y a encore des femmes comme toi. Ils ont inventé la Javel Lacroix pour nous décrasser. Leurs femmes restent...

CHIGHA : ... dix heures dans l'eau chaude. Dix heures à cuire au bain-marie. Moi aussi, je vais au hammam... pour promener après mes deux arpions blancs dans la poussière...

NEDJMA, *ramassant le parapluie pour se protéger du soleil :* Moi, plus tard, je vivrai à l'italienne. Dans ma chambre, ni mouches ni cafards...

CHIGHA, *riant :* Chez moi des mouches, des cancrelats et des araignées! Mais surtout des mouches. Pour elles, il y aura toujours un peu de boustifaille au coin des yeux des gosses — j'élève des gosses pour ça — et sous leur nez. Les gosses, une taloche de temps en temps, vers dix heures du matin, une torgnole à quatre heures du soir! Ça chiale, ça renifle, et nos mouches se régalent.

Avec sa langue, elle semble avec délices ramasser la morve qui lui coulerait du nez.

NEDJMA, *écœurée :* Et ton homme...

CHIGHA : Non, lui c'est aux coudes et aux doigts qu'il y a toujours une croûte. Et moi...

KADIDJA : Taisez-vous, bavardes. Arrivent les mouches, je les entends d'ici. Pourtant le soleil se couche, mais il sera là tout de même, le drapeau noir. (*Elle parle à quelqu'un qui est dans la coulisse de droite :*) Eh bien, mais dépêche-toi donc. Pense aux mouches qui viennent!

UNE VOIX, *qui se rapproche, vient de la coulisse de droite :* Chaque fois que je vais à un enterrement, vous me dites de me dépêcher à cause des mouches, et, quand on descend le cadavre, elles sont déjà toutes là, je les ai comptées. (*Paraît Habiba, vingt ans. Elle s'abrite du soleil sous un parapluie noir.*) Elles ronflent autour du trou aussi fort que deux chevaux Citroën, ou que mon homme quand il me fait des massages. On y va?

CHIGHA : Attendez que j'aille pisser.

Elle court et disparaît derrière le paravent.
Un temps.

KADIDJA, *regardant dans la coulisse de droite :* Qui est-ce qui vient, je ne vois pas? (*A Habiba :*) Regarde, toi...

HABIBA : C'est la mère de Saïd.

KADIDJA, *dure et autoritaire :* Ce culot! Elle ne doit pas pleurer, vous avez compris. Elle ne viendra pas.

Un temps, et entre la Mère.

KADIDJA : Tu ne viens pas pleurer le mort?

LA MÈRE, *un instant interdite :* Je suis pleureuse, je viens pleurer.

KADIDJA : Pas avec nous.

LA MÈRE : Qu'est-ce que j'ai fait?

KADIDJA : Ton fils et ta bru sont en prison...

LA MÈRE : Non. Elle est sortie ce matin.

KADIDJA : De toute façon c'est une voleuse.

Dans les fossés elle parle aux orties. Elle essaye de les apprivoiser. Les orties répondent. Ton fils est un voleur, et toi tu profites des poules, des choux, des figues, du charbon, du pétrole, de la margarine qu'il vole. Tu ne dois pas venir avec nous.

LA MÈRE : Si un homme de vos familles, ou une femme de vos familles, était mort sur son grabat, je ne serais pas ici pour le pleurer, mais pour chanter, Mesdames. Aujourd'hui ce n'est pas un mort comme les autres morts qu'on enterre. Ce n'est pas non plus le fils de l'une ou de l'autre, et c'est pourquoi je venais vous provoquer. Mieux que n'importe qui je connais les enterrements. J'en fabrique des petits pour me distraire. Les mouches me connaissent, moi aussi, comme je les connais toutes, par leur nom. *(Un temps.)* Et pour ce qui est des orties, quand Leïla leur parle elle converse avec notre famille.

KADIDJA : Reste là.

LA MÈRE : Qui m'empêchera de passer ?

KADIDJA : Le cadavre.

Rentre Chigha.

LA MÈRE : Un cadavre ne m'impressionne pas.

KADIDJA : Reste là !

LA MÈRE : Ah, si j'étais Saïd, je te la boucherais, ta bouche noire pleine de trous.

KADIDJA, *ironique :* Tu n'es pas Saïd ? Alors, qui est-ce, Saïd ? Et où il est ce Saïd ?

LA MÈRE : Il vient de partir — triomphe ! — pour le tribunal et il va retourner en prison. Et il y restera le temps qu'il faudra pour payer ce qu'il va vous voler en sortant, et le temps qu'il

me faudra pour lancer à vos trousses la meute
qui se prépare dans mon ventre. Pour le mort, je
ne veux déjà plus...

KADIDJA, *aux trois femmes :* Qu'est-ce que vous
dites, vous autres? *(Les trois femmes font avec la
tête le signe non, après une courte hésitation.)* Tu
vois, ce n'est pas moi qui parle, c'est l'opinion.

LA MÈRE, *solennelle :* Et le mort, lui? Que dit le
mort?

KADIDJA, *aux deux autres :* Vous, le mort, que
dit-il? Écoutez! Écoutez-le bien. Que dit-il?
*(Les deux femmes semblent prêter l'oreille, puis
elles font avec la tête et les mains le signe non.)* Tu
as entendu? La voix du mort est passée...

LA MÈRE : Je vous dis...

KADIDJA, *l'interrompant avec brutalité :* Mais
les chiens, les chiens, dans ton ventre, tu
m'entends, j'aurais interrogé les chiens qui se
préparent à nous mordre qu'ils auraient répondu
non. Les chiens, les juments, les poules, les
canards, le balai, la pelote de laine auraient dit
non!

LA MÈRE : Si les chiens parlent comme vous,
vous parlez comme eux. *(Les trois femmes font le
geste de se précipiter sur elle, qui recule vers la
coulisse d'où elle est venue.)* Bien, c'est bien,
mesdames. Vous êtes honnêtes... Vous êtes
honnêtes, et il n'y a rien à redire à ça. Le mort a
peut-être répondu comme vous dites, mais je
veux en être sûre et j'irai l'interroger demain, à
midi. Aujourd'hui, il fait trop chaud, et j'ai eu
ma ration de mouches avec celles qui sortent par
paquets de vos bouches décrottées.

Elle fait le geste de sortir, mais comme elle se trouve alors à l'avant-scène gauche, Kadidja et les trois autres femmes lui barrent la route. Ce sont elles qui sortiront en reculant.

KADIDJA : Ne bouge pas. *(Aux autres femmes :)* Vous, j'espère que vous allez pleurer comme il faut. Et gémir des gémissements assez longs, et forts. Vibrants, bizarres. Sans respirer. Ce n'est pas un mort comme les autres.

HABIBA : Qu'est-ce qu'il a de mieux, maintenant qu'il est mort?

> *La Mère éclate d'un grand rire.*

KADIDJA, *sévère :* On a l'ordre de pleurer un mort qui est plus qu'un autre mort. On pleure et on gémit.

Les quatre femmes s'en vont en reculant vers le fond de la scène, laissant la Mère seule, à l'arrière-scène, à gauche.

CHIGHA : Bonne raison. Quand mon fils Abdallah refuse de me donner des explications, sur le moment j'ai de la peine, mais je me calme... *(La Mère éclate à nouveau de rire.)* et je trouve bien beau finalement de recevoir l'ordre de me réjouir ou de pleurer sans savoir pourquoi. Mes hommes veulent que mes éclats de rire et mes gémissements soient beaux. Comme je n'ai pas de chagrin — c'est eux qui le portent — ni de joie. Je peux m'appliquer dans mon travail... en douceur...

LA MÈRE, *soudain enragée et tournée vers le public :* De la douceur! Foutez le camp! Accompagnez la douceur au cimetière, mais moi je vous parle et je vous dis que ce soir, la nuit venue, si vous ne venez pas sur la place, j'irai en boitant, et cassée en deux, sous la lune, dans chacune de vos demeures. Et si vous dormiez, je vous obligerais à voler des escalopes et des poules en rêve, toutes les nuits. Je vous réciterai cent vingt-sept fois cent vingt-sept injures, et chaque injure sera si belle que vous en serez illuminées, Mesdames...

Les femmes ont disparu. La Mère se retourne et s'en aperçoit.

Un instant déconcertée, elle tourne en rond autour de la scène, semblant contenir en elle une grande force, puis, soudain, campée sur ses jambes fléchies, les mains aux cuisses, en direction de la coulisse de droite, où les femmes ont disparu, elle fait entendre un torrent d'aboiements qui semblent venir d'une meute, cependant que Leïla est entrée et aboie avec elle.

Elles s'arrêtent pour quelques secondes, et on entend, venant de la coulisse où sont parties les femmes des meuglements de vaches. La Mère et Leïla reprennent leurs aboiements, puis s'arrêtent à nouveau : à nouveau, au loin les meuglements et comme le bruit du sol foulé par un troupeau au galop. La Mère et Leïla regardent toujours la coulisse, puis leur regard se déplace et monte jusqu'au cintre. Toujours le galop du troupeau. Il s'estompe. Et, en haut, à droite, une énorme lune apparaît. C'est le silence. La Mère se retourne, et, voyant Leïla, elle se met à aboyer contre elle, et les deux femmes sont soudain des chiens qui vont se dévorer.

La lune se déplace peu à peu et disparaît. A sa place, entre doucement un nouveau paravent, mais plus haut que le précédent, sur une sorte d'estrade noire qui est sortie de la coulisse en même temps que lui. La scène qui se déroulera devant lui se jouera donc à environ deux mètres du plancher. Le paravent du bas, représentant la place, rentre dans la coulisse. Les deux femmes (la Mère et Leïla) ne cessent d'aboyer. Seul, le paravent du haut est éclairé. La Mère et Leïla sont dans une demi-obscurité.

Commentaires du sixième tableau

Quelle que soit l'intensité dramatique que l'on veuille donner à cette scène, les comédiennes devront la jouer d'une façon clownesque : je veux dire que, malgré le sérieux des malédictions prononcées par les femmes ou par la Mère, le public doit savoir qu'il s'agit d'une sorte de jeu.

En quelque sorte chaque comédienne devra dire ses répliques comme si, intérieurement, un rire énorme la faisait pouffer.

Je crois que la tragédie peut être décrite comme ceci : un rire énorme que brise un sanglot qui renvoie au rire originel, c'est-à-dire à la pensée de la mort.

Dans cette scène toutes les femmes portent une ombrelle noire, usée, déchirée, si l'on veut, exténuée, ressemblant à une toile d'araignée.

La Mère sera toujours agressive et bien campée dans ses haillons violets.

SEPTIÈME TABLEAU

Le paravent : quatre feuilles, d'un blanc de chaux. Où une fenêtre est découpée. Derrière, le soleil.

Devant le paravent, un énorme Coran, sur une petite table. Le titre est en caractères latins.

Au-dessus du Coran, une lampe allumée sera suspendue.

Vêtements de la Femme : Une robe verte, en soie.

L'Appariteur : Djellaba blanche. Veste occidentale noire. Turban vert.

Le Joueur de flûte : Un pantalon jaune. Pieds et torse nus. Une casquette bleue.

L'homme qui a pissé : Pantalon noir, souliers verts, veste rose.

Le Policier : Uniforme blanc.

Le Cadi : Costume traditionnel algérien, en soie bleu ciel, turban rose pâle.

Deux Gardes, debout. Assis : l'Homme qui a pissé, le Joueur de flûte, la Femme.

Tous se lèvent quand entre l'Appariteur.

L'APPARITEUR, *au public* : Restez assis. Son Excellence le Cadi ne viendra pas tout de suite.

Dès le début, jusqu'à ce qu'il puisse prononcer sa première réplique, le Policier paraîtra très impatient, faisant vibrer sa cuisse et claquer ses doigts.

LA FEMME : Attendre! Toujours que passe la justice! Je suis dans mon bon droit et il faut que j'aille donner à boire à mon gosse.

Elle est interrompue par les deux femmes (la Mère et Leïla) qui aboient l'une contre l'autre, et qui, imitant l'allure des chiennes réelles, se dirigent vers la coulisse de gauche.

L'APPARITEUR : Il tète encore? Tu as toujours un braillard qui tète quand on t'appelle en correctionnelle.

LA FEMME, *astucieuse* : Qui dit mieux pour protéger la justice?

L'APPARITEUR : Truc éternel, éternelle rouerie des faibles, mais patience, Son Excellence va rendre la justice. Elle attend.

LA FEMME : Attend qui?

L'APPARITEUR, *emphatique* : L'inspiration. Le jugement est un poème. Son Excellence me l'a redit tout à l'heure, pendant que je lui roulais les sept cigarettes qu'elle fume avant d'entrer. Rendre la justice c'est une fonction noble. Il s'agit de « rendre » quelque chose qu'on a reçu. Reçu de qui, sinon de Dieu? Il faut être donc inspiré.

LE JOUEUR DE FLÛTE : Il ne l'est pas?

L'APPARITEUR : Pas il y a dix minutes, mais je vais aller me rendre compte. Les cigarettes l'aident beaucoup. *(Un temps.)* Et quelques autres petits ingrédients...

L'HOMME QUI A PISSÉ : Et tu dis inspiré de Dieu lui-même ? Il doit être inspiré de Dieu ?

L'APPARITEUR : Oui.

L'HOMME QUI A PISSÉ : J'ai gagné.

L'APPARITEUR : On ne sait jamais. Mais en attendant, tranquille ou la trique.

L'obscurité se fait quelques secondes. On entend un air de flûte. Quand la lumière reparaît, le Cadi est là, le Joueur de flûte devant lui, debout.

LE JOUEUR DE FLÛTE : ... ce n'est donc pas exactement mendier. Je ne suis pas dans la misère.

LE POLICIER, *joyeux, et avec un claquement de langue et un claquement sec des doigts :* Ah ! *(Il crie ce* ah ! *comme une délivrance, avec pompe.)* Chaque arrêté de Police, le plus modeste imprimé, le dernier des agents de police, au loin, par-delà mers et montagnes, tout, tous me déléguaient pour intervenir, car tous, tout ressentaient l'irritation. *(Accusateur.)* Il était la honte de la rue, Excellence. Quelquefois, il se mettait deux flûtes, l'une dans chaque narine.

LE JOUEUR DE FLÛTE, *avec défi :* Comme on joue du violon sur deux cordes, ou à la machine à écrire avec les deux mains. Un policier — et pourtant je respecte ta profession — ne peut pas comprendre. Mais vous, Excellence, Dieu qui est en vous me comprendra : j'ai mis deux ans pour apprendre à bien jouer de la flûte avec mes trous de nez. Si chaque mendiant peut en faire autant qu'on me condamne pour mendicité.

LE POLICIER : Pour les passants, c'était aussi gênant d'entendre ses flûtes en bois dur qui lui perforaient le nez que de voir un os écorché sortir d'une cuisse. Puisqu'il causait un malaise pour ramasser de l'argent il mendiait. *(Net.)* Notre fonction est de réprimer la mendicité sur la voie publique...

LE CADI, *très doux, mais la voix tremblante :* Et ce qu'il jouait, était-ce beau?

LE JOUEUR DE FLÛTE : C'est surtout difficile à jouer. Et j'ai à peine mis au point mon numéro. Je m'entraîne tous les jours dans le terrain vague...

LE CADI : Il y a un terrain vague?

LE JOUEUR DE FLÛTE : Pour les besoins de la cause.

LE CADI, *très patient, très doux et légèrement étonné :* Tu peux mettre une flûte dans ta bouche sans qu'elle te gêne?

> *L'impatience du Policier est très visible.*

LE JOUEUR DE FLÛTE : Oui, Excellence.

LE CADI, *intéressé :* Ton souffle est assez fort pour la faire vibrer?

LE JOUEUR DE FLÛTE : Oui, Excellence.

LE CADI, *la voix toujours tremblante :* Tu n'as donc cherché que la difficulté?

LE JOUEUR DE FLÛTE : Oui, Excellence.

LE CADI : Sans pour cela désirer davantage de beauté?

LE JOUEUR DE FLÛTE : Pour la première fois le souffle qui sort des deux trous d'un nez sale a modulé l'air d'un hymne, ou d'un... chant, ou d'une... mélodie, ou si l'on veut d'une valse bostonnée, imité le bruit d'un ruisseau et celui du vent dans les feuilles. J'ai un nez aussi noble que ta bouche, grâce à mon travail mon nez est une harpe, le tien c'est seulement...

> *Soudain de la coulisse de droite en bas sort Leïla, courant à cloche-pied et hurlant comme un chien blessé, poursuivie par la Mère qui aboie férocement. Distancée, la Mère sort de sa poche une pierre et la lance contre Leïla qui a disparu. On entend en coulisse le bruit d'un carreau cassé. La Mère sort, avec prudence.*

LE CADI, *regardant par une fenêtre imaginaire :* Bris de vitre! dix jours de tôle. (*Au Joueur de flûte :*) Va. Va jouer de la flûte à deux trous de nez. Que Dieu se punisse si je me trompe. (*A l'Arabe qui s'approche :*) A toi.

> *Le Joueur de flûte sort. Un Arabe s'approche.*

LE POLICIER, *même emphase :* Avec fierté, car il y avait de la fierté dans sa pose, avec fierté il a pissé contre un jeune laurier en bordure du terrain de football. Fier, comme moi-même je le suis à peine contre un mur...

LE CADI, *au Policier :* J'ai un trac fou. (*A l'Arabe :*) Pissé, tu peux me dire pourquoi?

L'HOMME QUI A PISSÉ : J'en avais envie.

LE CADI : Mais pourquoi contre cet arbrisseau?

L'HOMME QUI A PISSÉ : Il était là.

LE CADI, *intéressé :* En ce moment, tu n'as pas envie?

L'HOMME QUI A PISSÉ : Non, Excellence, pas en ce moment.

LE CADI, *comme soulagé, d'abord, et au fur et à mesure qu'il parle sa voix devient plus ferme :* Par chance tu n'as pas envie de pisser, sinon c'est sur ma jambe que coulerait ton eau. Mais moi je pourrais te punir sans te faire passer en justice. On tue ceux qui tuent. Si tu t'écoulais sur moi, j'irais te mouiller, moi aussi, et d'un jet plus rapide que le tien. On pourrait se battre à coups de lance d'eau chaude, et tu serais vaincu, car en attendant que Dieu entre en moi et m'inspire, je buvais un grand pot d'eau de menthe. Mais te soulager contre la jambe droite et bien faite d'un beau laurier adolescent! Qui risque d'avoir trois ou quatre feuilles jaunies! *(Au second Policier :)* Emmène-le dehors, tu lui pisseras sur les pieds.

Le Policier fait sortir l'Arabe, mais lui, il reste là. La Femme s'approche.

LE CADI, *un peu plus violent :* Approche-toi vite, et dis-moi vite ce que tu as fait si tu veux que je te juge avant que Dieu s'en aille.

LA FEMME : Je n'ai rien fait, Excellence.

LE POLICIER : Quelle menteuse! Excellence, elle a inscrit des signes sur la porte de la grange de Ben Amrek.

LE CADI : Quels signes?

LA FEMME : Non, Excellence.

LE CADI : Quels signes? Bons ou méchants?

LA FEMME, *feignant d'écouter au loin :* Écoute!... Écoute... tu entends? J'ai ce braillard à la maison...

LE CADI, *à la Femme :* Dieu fout le camp. Si tu veux être jugée par lui, donc avec un reste de bonté, aide-moi. Dis-moi quel jugement tu veux, mais dis-le vite.

LA FEMME, *très vite :* Dix coups de bâton, Excellence.

LE CADI, *au Policier :* Donnes-en quinze.

> *La Femme sort. Saïd entre et s'approche.*

LE CADI, *portant la main à son front :* Dieu s'est cassé, tiré, taillé. Dieu s'est en allé. *(Il est de plus en plus irrité.)* Il vient, il s'en va, je me demande où? Dans une autre tête? Dans une guêpe au soleil? Dans la courbe d'un chemin? Dans une marmite pour y ajouter de la graisse? En tout cas, il a foutu le camp de ma tête de Cadi, fini le trac et ma voix ne tremble plus.

SAÏD : Je me nomme Saïd, Excellence.

LE CADI, *de très mauvaise humeur :* Va-t'en. J'ai fini de juger.

SAÏD : · J'ai volé, Excellence. Vous devez me condamner.

LE CADI : Avec quoi? *(Il cogne sa tête.)* C'est vide là-dedans.

SAÏD : Je vous en supplie !

LE POLICIER, *ricanant :* Volé. Sa spécialité, vous la connaissez, c'est les vestes des travailleurs, pendues à une branche d'amandier ou posées sur un massif. Ce gibier, Excellence, ce gibier est fureteur. Ça n'est d'ici ni de là-bas, ça vole sans remords. Et pourtant, comme s'il était un riche, il est fils unique. *(A Saïd :)* C'était dans quelle veste?

SAÏD : L'une et l'autre.

LE POLICIER : Je sais. Pas d'importance. Ce qu'il faut, c'est voler. Sans choisir. Aussi injuste

qu'une catastrophe ferroviaire. Heureusement
que nous avons l'œil. *(Tonnant.)* Un œil toujours écarquillé dans les feuilles ou dans la
verdure, et jamais ému !

SAÏD : Je ne demande qu'à purger.

LE CADI, *d'un geste il arrête le Policier qui essaie
de dire son mot :* On dirait que tu t'affoles, que tu
sens venir un temps où tout va changer... La
mort de Si Slimane te travaille ? Mais que je te
juge, ça me servira à quoi ?

SAÏD : Le mal que j'ai fait doit...

LE CADI : A toi, ça servira. Après le jugement
et après la peine tu seras transformé — un tout
petit peu — mais moi, si après le jugement, si
après ta peine je reste le même...

SAÏD : Essayez, vous verrez bien...

LE POLICIER, *au Cadi :* Purger, a-t-il dit,
purger, c'est vite dit. Il y a encore plus profond.
(A Saïd :) Ce matin, à huit heures, ce matin,
levée d'écrou. Ta femme est sortie ce matin de
prison...

LE CADI, *au Policier :* Va pisser sur la patte du
laurier.

LE POLICIER : Mais... Excell...

LE CADI, *excédé :* Va pisser. Dans la verdure ou
sous les branches, mais va.

> *Le Policier sort. Le Cadi regarde curieuse-
> ment Saïd, et s'approche de lui.*

LE CADI, *avec douceur :* J'en ai marre. Pense à
la niaiserie des problèmes qu'on me propose. Je
suis juge d'un village où à chaque minute il doit
se commettre d'effroyables crimes — *(Inquiet.)*
ou bien rien n'est crime ? — et le monde ne livre

à Dieu qu'une ou deux misères charmantes.
Non. J'en ai marre, et ma tête est d'autant plus
lourde qu'elle est vide.

SAÏD : Allez-y comme ça. Je m'en contenterai,
moi je n'ai pas de fierté et je ne demande pas
que Dieu se dérange pour m'ouvrir une porte de
prison. Un Cadi peut le faire.

LE CADI, *grave :* S'il suffisait d'ouvrir une
lourde et de la refermer, oui. Mais j'ai besoin
d'une raison. Pour la trouver, il faudrait où la
chercher, et je suis fatigué.

SAÏD : Vous oubliez une chose : c'est que vous
êtes payé pour ouvrir et fermer la porte de la
prison. *(Un temps.)* Je ne peux pas me servir
moi-même...

LE CADI, *perplexe :* Non, bien sûr... et pourtant
il faudra bien en arriver là...

SAÏD : On ne me prendrait plus au sérieux.

LE CADI : C'est à craindre. *(Un temps.)* Ce que
tu gagnes à chaque nouvelle condamnation, je
vois, vaguement, où tu vas, mais moi, chaque
condamnation me conduit vers quoi? Je suis un
machin qui t'enfonce où tu veux t'enfoncer, mais
toi, mais toi, mais toi, tu me sers à quoi? Et qui se
préoccupe des pauvres gens! Qui?

> *Leïla, en bas, traverse la scène en aboyant et
> en boitant.*

HUITIÈME TABLEAU

La scène est totalement vide : c'est le cimetière.
Vers le centre, un petit arrosoir.
Vêtements de La Bouche : Costume vaguement
arabe, blanc.

LA MÈRE, *parlant à la coulisse de gauche :* D'où
vous êtes... halte! Arrêtez-vous là... d'où vous
êtes, vous pourrez entendre. *(Elle s'approche du
milieu et déchiffre.)* Si Slimane. C'est sa tombe.
(Tournée vers la coulisse de gauche.) Approche!
Allons, approche! Ou tu n'es vraiment bonne à
rien? Tu es sourde? Trop vieille, peut-être?

    Approche, venant du fond où il attendait, un
    vieil Arabe, Madani.

MADANI : Si tu n'es pas contente de moi, il te
reste le temps d'aller choisir une autre Bouche.
(Un léger temps.) Mais ne m'insulte pas.

LA MÈRE : Ce n'est pas le moment de te fâcher.
J'ai voulu la Bouche la plus vieille et la plus
maladroite, parce que je suis honnête. En
apportant avec moi une Bouche fraîche et rose,

avec ses dents blanches, j'aurais donné l'impression de vouloir influencer le mort. Mets-toi là.
(Madani se place à gauche de la tombe.) Je t'ai
choisi pour être la bouche du mort. Je sais
qu'elle doit être pleine de terre, de racines et de
graviers, mais tâche d'articuler les paroles du
mort, pas les tiennes.

MADANI : Quand un mort accepte de parler ce
qu'il a à dire est terrible. C'est lui qui parlera.

LA MÈRE : C'est l'heure?

MADANI, *regardant un bracelet-montre :* Juste.

LA MÈRE, *tournée vers la coulisse :* Et tâchez sur
vos collines, dans l'odeur du serpolet, et tâchez
de faire taire vos caquets, les vieilles et les
pucelles. Ce ne sera pas long. Le mort a son mot
à dire. *(A Madani :)* J'ai du café dans une
thermos. Pour après. Je peux te laisser un
moment, si tu as des préparatifs à faire?

MADANI, *s'accroupissant très lentement :* Tu ne
me gênes pas. Le plus dur c'est que je m'en aille
de moi. Lui, il viendra me remplacer.

LA MÈRE, *un peu angoissée :* Ah?... Et... si tu
t'en vas de toi, tu vas où?

MADANI, *continuant de s'accroupir :* Ça dé-
pend... si j'ai pris au départ un mouvement
rapide ou trop lent... si j'ai le temps, je vais
visiter mes oliviers, ou le musée des Invalides...
Laisse-moi. *(Il se couche tout à fait et, après un
silence, il appelle doucement.)* Si Slimane?... Si
Slimane... Slimane, tu es là... *(Il écoute.)* Tu es
là? Oui... Oui?... Qui répond? C'est toi Si
Slimane? C'est moi qui est là... C'est ta
Bouche... C'est ta pauvre Bouche malheureuse,
pleine de terre, de graviers et de racines, et qui

doit répondre. Tu me reconnais?... Comment, tu
ne te souviens pas? C'est moi qui prononçais
toutes les phrases quand tu étais vivant... *(Un
silence.)* Quelles phrases? Mais toutes... tout ce
que tu disais... ce que tu as dit un jour à l'agent-
voyer... tu te rappelles?... Ah, tu vois... Ce que
tu as dit?

Un temps.

LA MÈRE : Il ne te reconnaît pas?

MADANI, *à la mère :* Laisse-moi faire mon
travail. Il faut que je le chauffe... *(Parlant au
mort :)* Ce que tu as dit à l'agent-voyer... Ce jour-
là, il pleuvait. Tu lui as dit : « Je vais m'abriter
dans la remise, et après je porterai les plans à
l'architecte!... » *(Un temps.)* Ah! cette fois tu y
es! Bon. Alors tu me reconnais... *(Un temps.)*
Mon odeur?... Tiens... *(Il souffle sur la tombe.)*
C'est bien l'odeur de ta bouche? Oui! Ah bien.
Alors, allons-y. La Mère de Saïd vient pour
savoir. *(Il se relève et, face à la Mère, il parle
immobile, avec autorité.)* Parle, toi. Interroge-
moi, je suis la Bouche. Tu es venue pour
m'entendre, dis la tienne. Ton idée?

*Seuls éclairés, Madani et la Mère, face à
face, se toisent.*

LA MÈRE, *avec doute :* Tu es bien la Bouche de
Si Slimane?

LA BOUCHE, *avec force :* Oui.

LA MÈRE : Alors où es-tu né?

LA BOUCHE : Né à Bou Taniz. Mort à Aïn
Amar.

LA MÈRE, *un instant interloquée :* Bien. Et... ta
blessure, où tu l'as reçue?

Très vite.

LA BOUCHE : Deux balles dans la poitrine. Une est restée.

LA MÈRE : Bien... Et... à quelle heure, au juste, tu es mort ?

LA BOUCHE, *avec autorité et impatience* : Assez. Je t'en ai dit assez. Tu veux savoir quoi ?

LA MÈRE, *même ton* : Comme tu voudras. Je sais que tu n'es pas commode, mais moi non plus. Il paraît que tu as ordonné aux femmes du village de m'empêcher de pleurer. C'est vrai ?

LA BOUCHE : C'est vrai.

LA MÈRE, *avec colère* : Tu savais pourtant que je suis pleureuse. Que je suis une des meilleures pleureuses ?

LA BOUCHE : Je ne voulais pas de toi à mon enterrement.

LA MÈRE, *avec colère* : D'où il est, Saïd, sorti, de mon ventre ou du tien ? Et le mien n'est pas le ventre d'une femme comme les autres ? Une mère comme les autres ?

LA BOUCHE : J'étais mort et pas encore enterré. J'appartenais toujours au village. Dans les cheveux, dans la plante des pieds, sur les reins, j'avais encore les mêmes démangeaisons que les hommes et les femmes du village.

LA MÈRE, *anxieuse* : Et maintenant... maintenant que tu ne peux plus te gratter ?

LA BOUCHE : Bien moins. Malgré tout le poids de la terre, je me sens beaucoup plus léger. Je suis sur le point de m'évaporer — tu as bien fait de ne pas attendre et de venir cette nuit — tout mon jus est en train de passer dans les veines des salades et des chênes-lièges. Je m'égare à travers

Très vite.

mon pays, et toi, je te confonds avec tout le monde...

LA MÈRE, *un cri immense, un moment immobile :* Ah! Ah! Ah!

LA BOUCHE : ... et la crasse que tu gardes entre les doigts de pieds vient un peu de ma pourriture...

LA MÈRE, *victorieuse et tournée vers la coulisse :* Garces, bande de garces, vous l'entendez, le mort, comme il me parle? *(A la Bouche :)* Au nord, au levant, au sud, vers Aïn-Zefra, vers la Chine et vers la mer, partout, tout autour de nous, la nuit se soulève, Slimane, se boursoufle de collines, et sur le versant des collines qui nous regardent, mille et cent mille femelles qui s'attendent à te voir te tirer de terre, à t'arracher de terre comme une betterave pour m'insulter. Mais toi... tu acceptes... tu acceptes que je pleure... Tu acceptes... Tu le reconnais que je suis une femme comme les autres?...

LA BOUCHE, *nette :* Oui et non.

LA MÈRE : C'est clair, mais je n'ai pas voulu dire que j'étais une femme comme elles... *(Elle indique les coulisses.)* comme celles-là. Je disais que moi aussi je me nourris de ce qui pourrit sous la terre...

LA BOUCHE : Tu pourris au-dessus... à ce qu'on raconte...

LA MÈRE, *riant :* C'est dire que toi et moi on fermente dans le même jus? C'est ça?

LA BOUCHE : De toute façon, je me demande pourquoi tu tiens tant à pleurer sur moi?

LA MÈRE : Oh! rassure-toi! Ce n'est pas le chagrin que me cause ta mort qui me fait

(left margin) Très vite.

chanter-pleurer. Ces dames m'ont chassée d'une
cérémonie : je me fous de ces dames et de la
cérémonie, mais je me suis juré d'être la plus
forte. Les femmes me guettent. Elles attendent
— les salopes! — ma honte. Elles se disent : à la
porte des vivants, elle va encore se faire foutre à
la porte des morts.

LA BOUCHE : Et ça te ferait quoi, d'être à la
porte des morts?

LA MÈRE, *un moment interdite :* Ah, parce que
vous vous tenez, si je comprends bien?... Tu
n'oublies pas, sous ton gravier, que tu étais
vivant et que tu as eu des liens avec telle ou
telle...

LA BOUCHE, *butée :* Et ça te ferait quoi, d'être à
la porte des morts?

LA MÈRE : Et que tes funérailles font encore
partie de ta vie de vivant, comme tes belotes
avant d'être tué! Et que tu veux quelqu'un de
digne pour être le quatrième à ta belote!

LA BOUCHE : Et ça te ferait quoi, d'être à la
porte des morts?

LA MÈRE : Si tu n'as rien d'autre à me dire,
bonne nuit...

LA BOUCHE, *furieuse :* C'est toi qui as eu
l'impolitesse de venir me réveiller, me déterrer
en pleine nuit. Et je t'écoute et je te laisse dire...

LA MÈRE : J'étais venue en amie.

LA BOUCHE, *sévère :* En orgueilleuse. Mère
d'un voleur, et celle d'une bru laide et bête et
voleuse. Leur misérable misère te colle à la peau.
Non : elle est ta peau, tendue sur tes pauvres os.
Ce qui se balade par les rues du village c'est un
manteau de misère tendu sur des os solides,

(marginal, left side, top) De plus en plus vite.

*(marginal, left side, bottom) Encore plus vite,
presque incompréhensible.*

mais... *(Il ricane.)* pas si solides. Le village ne veut plus de toi, mais les morts? Ah les morts! dis-tu, t'approuvent et condamnent ces dames?

LA MÈRE, *sèche :* Je l'espérais.

LA BOUCHE, *ricanant :* Les morts, bien sûr, sont le dernier recours. Les vivants vous crachent sur la gueule, mais les morts vous enveloppent dans leurs grandes ailes noires, ou blanches. Et protégée par elles, les ailes, tu pourrais narguer ceux qui vont à pied? Mais ceux qui vont sur la terre, d'ici peu seront dedans. C'est les mêmes...

LA MÈRE, *l'interrompant :* Je ne veux rien savoir de ce que tu es devenu. C'est avec celui qui était vivant que je tenais à entrer en relation. Et si tu ne veux pas que je pleure dis-le vite, je commence à avoir froid, je suis frileuse...

LA BOUCHE : N'essaye pas de m'attendrir. Si ton orgueil te coupe des vivants, il ne te fera pas aimer des morts. Nous, on est la caution officielle des vivants. *(Un temps.)* A minuit! Me déranger à pareille heure! Me redonner une vie fatigante! Va trouver les femmes, va, et les hommes du village. Expliquez-vous entre vous.

LA MÈRE : Je tiendrai bon. *(Les poings aux hanches.)* Je refuse de lâcher Saïd et Leïla — ça, je ne le dis qu'à toi, et dans la nuit du cimetière, parce que souvent, tous les deux, ils me tapent sur les nerfs — je refuse de renoncer à te pleurer.

LA BOUCHE, *avec colère :* Et si je ne veux pas?

LA MÈRE, *même ton :* Et si pour te narguer, malgré ces dames et malgré toi, je me mettais à te pleurer?

Encore plus vite, presque incompréhensible.

Très, très lentement.

LA BOUCHE : Et moi à sortir réellement de ma tombe, de mon trou...

LA MÈRE, *effrayée :* Tu oserais?... *(Puis elle se ressaisit.)* Tu oserais, toi, me faire l'affront? Devant ces dames à l'écoute? Je ne sais et je ne veux pas savoir qui t'a assassiné, mais tu méritais de l'être, au couteau ou à la baïonnette, pour oser menacer une vieille femme. Je suis venue dans la colère, Si Slimane. C'est la colère — ou si tu veux la rage — qui m'a portée, dans ses bras, jusque chez toi, la rage et rien d'autre.

LA BOUCHE : Tu me fatigues. Ta colère est plus forte...

LA MÈRE : Que ta mort?

LA BOUCHE : Non. Mais va-t'en. C'est trop difficile de parler à une vivante aussi... aussi vivante que toi. Ah... si tu étais...

LA MÈRE : Au bord de la tombe? De la tienne, oui, pas de la mienne.

LA BOUCHE, *soudain fatiguée :* Non, non, même pas. Mais... un peu... seulement un tout petit peu malade. Mais tu es là à crier, gesticuler... *(Haussant les épaules.)*... à vouloir pour ton usage personnel ressusciter un mort. *(Bâillant.)* On a déjà du mal à le faire dans les grandes occasions...

LA MÈRE, *soudain humble :* En douce, tu ne veux pas que je te pleure là, sous la lune?

LA BOUCHE, *bâillant de plus en plus :* Même dans le creux de mon oreille, je ne voudrais pas. *(Un temps, et d'une voix lasse :)* Tu veux que je te parle un peu de ce qu'est la mort? De ce qu'on y vit?...

LA MÈRE : Ça ne m'intéresse pas.

LA BOUCHE, *toujours plus lasse :* Ce qu'on y ronronne...

LA MÈRE : Pas cette nuit. Un jour, si j'ai le temps, je reviendrai y regarder de plus près. Vis ta mort, moi ma vie. Pleurer... Tu ne veux vraiment pas ?

LA BOUCHE : Non. *(Un temps.)* Je suis trop las.

Madani soudain s'écroule, endormi.

LA MÈRE, *joignant les mains dans un cri :* Si Slimane ! *(Elle s'approche, le regarde, puis le pousse du pied, avec dégoût.)* Et ça ronfle ! On voit bien qu'il n'y a pas longtemps que tu es chez les morts. Incapable de faire parler une Bouche plus de trois minutes. Juste le temps de me dire que je ne suis ni d'ici ni de là, ni de ce côté ni de l'autre. *(Elle rit.)* J'ai bien fait hier de ne pas pleurer un mort aussi frais, aussi faible. *(Elle prend l'arrosoir, arrose un peu le tertre supposé, puis tasse la terre en dansant et en chantonnant. Haussant les épaules :)* Alors, le vieux, tu visites le musée des Invalides ? *(Elle se retourne et va se diriger vers la coulisse, mais elle s'arrête net, comme suffoquée.)* Les vaches ! Les salopes ! Les garces ! Toutes les collines ont mis les voiles, et avec elles ont appareillé les femelles qui nous épiaient. Dans l'odeur du jasmin et du serpolet, parties ! Où, parties ! En bande, derrière les murs pour épaissir le mystère ? Et la nuit en reste toute plate. Sous le ciel. Plate. Je suis toute seule et la nuit est plate... *(Soudain solennelle.)* Mais non, la nuit s'est soulevée, elle s'est gonflée comme les mamelles d'une truie... De cent mille

collines... les assassins descendent... Le ciel, pas
con, le ciel les camoufle...

MADANI, *s'éveillant :* Tu as de quoi me faire un
café?

LA MÈRE : Mais au juste... pourquoi je suis
venue? *(A Madani :)* Prends ton moka, la
vieille!

Commentaires du huitième tableau

Au début, l'acteur qui tient le rôle de la Bouche, est entré par la gauche, près de la salle, et il remonte vers le fond de la scène, où il s'immobilise.

Toute la scène sera jouée sur un rythme très vif, d'un ton léger et rapide : c'est dans cette scène surtout que les répliques se chevaucheront.

Il va de soi que les voix (les timbres) seront choisies afin qu'on comprenne bien ce qui se dit, surtout quand les deux voix parlent ensemble.

Depuis la réplique : « Tu es bien la bouche de Si Slimane ? jusqu'à : Si tu n'as rien à me dire, bonne nuit... », la Mère tourne en dansant, d'un pied sur l'autre, autour de Si Slimane, immobile, figé.

Il faudra bien faire attention au tempo dans cette scène. Après un mouvement très vif, marquer, par la lenteur, la solennité. En fait, je voudrais que le public sût qu'il s'agit d'un jeu (cette évocation d'un mort) mais je voudrais aussi que ce Jeu l'émeuve au point qu'il se demande si, derrière ce Jeu, se cache une réalité : autrement dit, il faut que les rapports des deux comédiens avec l'Évocation soient si familiers que le public ait le sentiment que cette Évocation va de soi, comme la préparation d'une soupe ou un vote dans l'isoloir.

Mais le lecteur de ces notes ne doit pas oublier que le théâtre où l'on joue cette pièce, est construit dans un cimetière, qu'en ce moment il y fait nuit, et que, quelque part, on déterre peut-être un mort pour l'enterrer ailleurs.

NEUVIÈME TABLEAU

Le paravent venant de gauche — à quatre branches — représente un rempart.

Leïla est seule. Près d'elle, une grande bassine de zinc. De dessous sa jupe, elle sort plusieurs objets, qu'elle pose sur la table ou accroche au mur. Elle parle aux objets. Le Gendarme sera coiffé d'un bicorne. Il a des gants blancs et de grosses moustaches noires. Et comme tous les Européens, il est plus grand que les Arabes (environ deux mètres de hauteur).

LEÏLA, *sortant une râpe à fromage :* Salut!... Je ne suis pas rancunière. Tu m'as râpé la peau du ventre, et pourtant je te salue. Tu vois un jour nouveau. Ici, c'est la maison de la Mère. Et celle de Saïd. Tu n'auras pas grand-chose à faire, on ne met jamais de fromage dans les nouilles... pour t'occuper je me raclerai la corne en dessous des pieds. *(Elle l'accroche au mur. Elle cherche sous sa jupe et en retire une lampe, avec son abat-jour, qu'elle pose sur la table.)* Qu'est-ce que je

vais faire d'une lampe, puisqu'il n'y a pas
l'électricité au pied des remparts, dans les
ruines?... Eh bien, chère lampe, chez nous tu vas
te reposer... Toujours servir... ça rend amer...
*(Elle cherche encore sous sa jupe et en retire un
verre, qui manque lui échapper des mains.)* Fais
pas le con, ou je te casse!... Casse, tu m'entends... casse. *(Un temps.)* Et qu'est-ce que tu
seras, alors? Bouts de verre... et bouts de verre
cassés... ou tessons... morceaux de verre...
débris... *(Solennelle.)* Ou encore, si je suis
gentille, fragments... éclats!

> *Depuis un moment la Mère, qui est entrée, la
> regarde et l'écoute.*

LA MÈRE : Tu fais bien les choses.

LEÏLA : Dans ma catégorie, je suis imbattable.

LA MÈRE : Et ça? Qu'est-ce que c'est?

LEÏLA, *riant.* Mon petit dernier.

LA MÈRE, *riant aussi :* Où tu l'as eu?

LEÏLA : Dans la maison de Sidi Ben Cheik. Je
suis entrée par la fenêtre. *(Souriante.)* Oui,
maintenant, je suis capable d'escalader les
fenêtres.

LA MÈRE : Personne ne t'a vue? Alors, pose-le
là. *(Elle indique un tabouret dessiné en trompe-
l'œil sur le paravent. Leïla, à l'aide d'un fusain
qu'elle a pris dans sa poche, dessine au-dessus de la
table une pendule.)* Tu vas finir par te faire
pincer encore une fois. Et surtout qu'on ne peut
plus rien cacher, puisque à cause de toi on n'a
plus de cabane. On en est réduit au dépotoir, à la
décharge publique, et ce sera facile de nous
accuser.

LEÏLA, *avec désinvolture* : Alors, au gnouf. Avec Saïd. Puisque maintenant on doit aller de village en village, autant aller de prison en prison... Avec Saïd.

LA MÈRE : Avec?... Saïd... *(Menaçante.)* Tu ne voleras pas, j'espère, pour aller rejoindre Saïd?

LEÏLA, *avec un clin d'œil très visible malgré la cagoule* : Pourquoi pas?

LA MÈRE, *avec violence* : Pas vrai. Tu n'oserais pas. Et lui, lui surtout, il ne veut pas de toi.

LEÏLA, *désinvolte* : Oh, rassurez-vous, je n'en suis pas amoureuse de votre puceau! *(Un temps.)* A moi, il me faut autre chose.

LA MÈRE, *intéressée* : Ah!... Tu as quelque chose? Parce que tu ne peux tout de même pas avoir quelqu'un...

LEÏLA, *riant* : Ah! ça non. Ni rien, ni personne, ni Saïd. *(Solennelle.)* Je suis préoccupée par une grande aventure.

LA MÈRE : Celle de puer toujours plus?

> *Leïla rit et finit de dessiner la pendule.*

LA MÈRE, *promenant la bougie autour du dessin* : Elle est très jolie. C'est quoi? Marbre ou galalithe?

LEÏLA, *avec fierté* : Galalithe.

> *Leïla à ce moment tourne le dos à la Mère qui, elle, tourne le dos à la coulisse de gauche.*
>
> *Soudain, de la coulisse de gauche, apparaît un gendarme. Il s'approche très lentement, à grands pas précautionneux, et en regardant autour de lui, sans étonnement.*

LEÏLA, *faisant la révérence en regardant vers la droite, c'est-à-dire dans la direction opposée au*

Gendarme : C'est moi la femme de Saïd, entrez donc, Monsieur le Gendarme.

Le Gendarme regarde encore autour de lui. Il fixe la pendule dessinée sur le paravent.

LE GENDARME : C'est bien vous. On vous a vue sortir de la maison de Sidi ben Cheik. Vous écartiez le rideau de perles de la porte. Les perles ont tinté... On vous a vue dans une glace, vous vous sauviez... La pendule n'y était plus. *(Un temps.)* C'est celle-là !

LA MÈRE : La pendule a toujours été là ; c'est mon mari qui me l'a ramenée de Maubeuge.

LE GENDARME, *soupçonneux :* Combien de temps ?

LA MÈRE, *se levant :* Des années. Des années qu'elle est là, la pendule. Figurez-vous qu'un jour, quand il était tout petit, Saïd l'avait complètement démontée. Complètement. Pièce par pièce, pour voir ce qu'il y avait dedans, et tous les ressorts il les avait posés sur une assiette, il était encore tout petit, et juste je rentre, il y a de ça longtemps, vous pensez. Je rentre de chez l'épicier, et qu'est-ce que j'aperçois par terre... *(Elle mime.)* Mais réellement, comme une espèce de vermine qui voudrait se débiner : des petites roues, des petites étoiles, des petites vis, des petits vers, des petits clous, des petits machins y en avait plein, des petits ressorts, des harengs saurs, clés à molettes, cigarettes, trottinettes...

Pendant les explications de la Mère, Leïla se faufilait vers la sortie, mais le Gendarme se retourne et la rattrape.

LE GENDARME, *méchant :* Où tu vas ?

LEÏLA : J'essayais de me sauver.

LE GENDARME : Te sauver!... Foutre le camp!...
Faire la malle!... Tirer des pattes!... Et moi,
dans le coup, qu'est-ce que je deviens? Révocation. Je gagne la révocation. C'est pour ça que tu
veux mettre les adjas? Pour que j'aie le brigadier
au cul, si. Petite ordure. Et moi, trop con, qui te
disais vous pour être poli, comme on nous le
recommande! Ils en ont de bonnes, là-haut en
haut lieu avec leurs vous! Je voudrais les voir
qu'ils vous touchent de près, comme nous les
petits.

LA MÈRE : Des petits? Vous autres, pour nous,
vous n'êtes pas des petits.

LE GENDARME : Heureusement qu'on vous a et
que comme ça y a plus petit que nous, mais si on
nous oblige à vous dire vous on sera bientôt plus
petits que vous.

LA MÈRE : De temps en temps vous pouvez
oublier le vous et nous dire le tu.

LE GENDARME : Surtout que vous aimez mieux
ça, hein? Le tu est plus chaud que le vous et le tu
protège mieux que le vous. Quoique si le tu
protège, le vous de temps en temps fait du bien,
ça je m'en doute.

LA MÈRE : Un peu de vous, un jour sur quatre,
et le tu le reste du temps.

LE GENDARME : C'est mon avis. Le tu comme
base et du vous goutte à goutte. Pour vous
habituer. Nous et vous on y gagne, mais le vous
tout à coup, à qui dire le tu? Entre nous le tu est
tu de copain, entre nous et vous le tu qui vient
de nous est tu plus mou.

LA MÈRE : Juste. Le vous pour vous ça vous

éloigne de nous. Le tu nous plaît, le s'il vous
plaît n'est pas pour nous.

LEÏLA : Le mou non plus... Le tout non plou...
Le vu non plus.

Elle rit. La Mère rit.

LA MÈRE, *enchaînant :* Le fou c'est vous... le
plus c'est mou... c'est tout au plus...

Elle rit. Leïla rit. Le Gendarme rit.

LE GENDARME : Le mon c'est plou... c'est plus
mon cul... Le cul mon coup... *(Ils rient tous, aux
éclats, mais soudain le Gendarme s'aperçoit qu'il
partage ce rire. Il éclate.)* Silence! Qu'est-ce que
vous voulez? Qu'est-ce que vous cherchez? A
m'avoir par le rire et par la galéjade? A
m'entraîner hors du droit chemin? *(Les deux
femmes sont apeurées.)* Je suis peut-être un petit,
ça oui, mais je ne peux tout de même pas rire, je
ne peux tout de même pas me fendre en deux
avec la racaille... *(Il respire et se radoucit.)* C'est
déjà beau qu'avec vos hommes on fraternise en
parlant des drapeaux, en parlant des combats, de
l'Argonne et du Chemin-des-Dames, tu te rappelles, Crouia *(Il parle alors comme feu le
maréchal Juin lisant une proclamation aux Anciens
Combattants.)* c'est toi qui portais le fusil-
mitrailleur, moi j'étais tampon du pitaine, le jour
où on a trouvé les deux Boches en joue, pan!
rayés par un Bicot, ça c'est du baroud et j'ai pas
honte de le rappeler et de boire encore avec
cézigue, pas honte. Avec vos hommes, nous
émouvoir, oui, de temps en temps, et de bon
cœur... *(Un temps, puis, avec gravité :)* Mais rire
en même temps, non, ça serait trop grave. Sur le

rire je pourrais vous en dire. Du rire qu'on se
fend la pipe et du rire qui désarme. Quand on se
marre, tout s'ouvre : la bouche, le nez, les yeux,
les oreilles, le trou du cul. A la fois on se vide et
qui sait quoi vient à la place. *(Sévère.)* C'est
compris? Ne pas chercher à m'avoir à l'éclat de
rire. Je peux être féroce. Vous n'avez pas vu
combien il me reste de molaires dans le fond de
la bouche?

*Il ouvre grand la bouche sans bruit et les
femmes paraissent effrayées, mais retroussant les
lèvres du Gendarme, elles observent les dents.*

LA MÈRE : C'est venu comme ça et tout à coup
à causer du tu et du vous.

LE GENDARME : Mais c'est vous qui l'avez
voulu. Et ne recommençons plus. On ne doit pas
trop vous permettre. Peu à peu vous amener à
nous, sans qu'on soit trop déconcertés, ni vous
ni nous, c'est ce que je dis toujours. Mais c'est
faisable avec des gens qui comprennent et y en a,
mais avec les celles qui veulent nous mettre dans
le pétrin on est mal récompensé. *(A Leïla :)* Et
celle-là qui voulait foutre le camp! Mais si c'est
pas moi c'est un autre qui te rattrape et le
résultat : à nous deux la bonne soupe, une bonne
trempe.

LEÏLA : C'est ce que je vaux. C'est ce que je
veux.

LE GENDARME : La soupe sera trempée, la
soupe sera servie.

LEÏLA : Tant mieux. Que j'arrive en taule avec
une gueule pleine de bleus, mes tifs collés par

mes larmes, par ma morve et bancale à cause d'une côte défoncée...

LE GENDARME : Tu sais bien qu'on ne peut plus vous traiter comme avant. *(Un peu déconcerté.)* On veut être humain, je suis de ceux qui veulent être humains, et c'est vous qui cherchez les coups. Pour la pendule on va s'expliquer là-haut, devant le brigadier. Elle est en galalithe, ou elle est en marbre, c'est sûrement de la galalithe. De nos jours ce qu'on vend dans les villages, dans les foires, sur les marchés, rien n'est plus comme avant.

LEÏLA : Ce qu'on ramasse dans les poubelles est plus ou moins en mauvais état.

LE GENDARME : Rien qu'à cause de ça vous êtes passibles d'une peine. En métropole, c'est trop d'avoir à soi un objet éborgné, mais en remplir sa maison ce n'est plus de saison. Votre taudis, n'est pas une maison, c'est vrai, mais c'est comme si c'était votre maison. Vagabonds ! On est venu chez vous avec la civilisation et vous continuez à vivre en vagabonds. Même pas sous les ponts ! au pied des ruines. Tout. On vous apporte tout : les écoles, les hôpitaux, la gendarmerie et pour vous tout ça n'est rien. Du vent. Du sable. Un verre cassé, une pendule ébréchée... *(Il hausse les épaules. A Leïla :)* Tu es prête ?

LA MÈRE : Prends la couverture.

LEÏLA, *montrant une couverture :* Celle-là ?

LA MÈRE : Pas celle-là, non. Elle n'a pas assez de trous.

LE GENDARME, *à la Mère :* Vas lui donner la plus trouée ?

LA MÈRE : Ce qui l'intéresse, c'est les trous.
Plus il y en a et plus la couvrante lui convient.
Et même ce qui lui convient le mieux c'est de
s'entortiller pour la nuit dans un trou. L'idéal
serait qu'elle en trouve un où il ne passerait
qu'un vent du nord et une odeur de purin.

LE GENDARME : Après tout, faites comme chez
vous !... Mais s'il lui fallait vraiment un trou
taillé sur mesure, en se mettant à plusieurs, moi
et mes collègues, on peut lui en fournir un beau,
de tant sur tant, de telle et telle forme. A tout
prendre ça ira chercher dans les combien et les
comment. Le trou, rassurez-vous, elle aura son
trou, c'est dans la poche... *(Il sort. La Mère reste
seule, quatre secondes, puis rentre le Gendarme,
apparemment féroce, seul, traînant la couverture.
A ce moment, la pendule dessinée par Leïla sur le
paravent fait entendre un très joli carillon. La
Mère en paraît très fière.)* Les musulmanes ! Si je
les connais, vos astuces ! Un jour — ah ! le
Morbihan, ce qu'on y rigole ! — un jour de
carnaval, avec un drap et un torchon, je m'étais
déguisé en moukère, en fatma ; d'un coup, d'un
seul j'ai compris votre mentalité. Tout dans
l'œil. Et si les circonstances m'y obligent, malgré
ma blessure et mes deux filles, je reprends le
voile.

> *Dans la couverture il s'enroule ainsi qu'il le
> dit et il quitte la scène dans la direction opposée
> à celle qu'a prise Leïla, c'est-à-dire qu'il tra-
> verse, à reculons, et obliquement la scène, pour
> sortir dans le fond, à droite.*

Commentaires du neuvième tableau

Comme je l'ai dit, le Gendarme sera monté sur des semelles très épaisses. Il portera un uniforme très décoré, avec des galons d'argent.

Bien observer cette disposition de mise en scène : le Gendarme, marchant à reculons, à la fin, et traversant la scène en diagonale, sortant ainsi par le côté opposé à celui qu'a pris Leïla, puisque, à quatre pattes, elle est cachée derrière le paravent, qui est alors à gauche de la scène.

Il n'y a pas grand-chose à dire sur cette scène qui est écrite pour montrer l'avilissement de cette famille.

Pourtant, elle doit être jouée de telle façon que le public ait l'impression que le Gendarme est, sinon Dieu, un Archange au service de Dieu, et les deux femmes des créatures qui ne cessent de pécher. Donc, une humilité très grande en face du Gendarme. Se souvenir que durant toute la pièce, Leïla a le visage caché par la cagoule.

Les acteurs, pour jouer, — mais ce que j'écris vaut pour toute la pièce, — doivent essayer de rentrer en eux-mêmes, d'être « absents à la salle » comme on est absent au monde. Je crois, finalement, que c'est l'absence d'éclats de leurs regards qui rendra compte de cette concentration en eux-mêmes, sur laquelle je compte. Encore plus qu'ailleurs, dans cette scène, les acteurs ne doivent pas « jouer avec le public ».

Mais, durant toute la pièce, leur « absence à la salle » doit être sensible, presque offensante pour le public.

DIXIÈME TABLEAU

Trois paravents, cinq branches chacun, disposés ainsi : deux assez près de la rampe, de chaque côté de la scène, l'autre, au centre, en arrière, représentant une orangeraie, chaque oranger est peint, avec ses oranges, sur un fond de ciel assombri.

Sir Harold est en culotte de cheval. M. Blankensee aussi. M. Blankensee est grand et fort. Il a du ventre et du cul, nous saurons bientôt pourquoi. Il porte des favoris et une moustache roux. Pantalon à rayures noires et jaunes. Frac violet. Col cassé — ou droit — mais très haut.

Les ouvriers arabes seront vêtus de costumes coupés à l'européenne, mais de couleurs vives et disparates.

Deux colons : Sir Harold et M. Blankensee. Trois Arabes : Abdil, Malik, Naceur. Sir Harold et M. Blankensee regardent attentivement les Arabes qui, en rang, sarclent le sol. Leurs gestes doivent donner une impression de grande vérité.

SIR HAROLD, *emphatique :* De Hainaut! La duchesse de Hainaut?... Vous dites la duchesse de Hainaut? Vous me parliez des chênes-lièges...

MONSIEUR BLANKENSEE, *avec orgueil :* Mes
roses d'abord! C'est toute ma fierté! Je crois
posséder, mon cher, une des plus belles roseraies
d'Afrique... *(Sur un geste de Sir Harold.)* non,
non, c'est seulement pour mon plaisir, mes roses
me ruinent! Mes roses, c'est mes danseuses! *(Il
rit.)* Je m'en lève la nuit pour aller les renifler.

SIR HAROLD, *il regarde Abdil et Malik qui
cessent de sarcler :* La nuit? Vous vous y retrou-
vez?

MONSIEUR BLANKENSEE, *souriant avec malice :*
Difficile, bien sûr, mais il y a l'astuce. Comme je
ne peux pas les voir dans l'obscurité, et que
pourtant je veux pouvoir me les nommer, les
caresser, à chaque rosier j'ai fait attacher un
grelot d'une note différente. De sorte que la
nuit, je les reconnais à l'odeur et à la voix. Mes
roses! *(Lyrique.)* Aux fortes, dures, triangulaires
épines sur une tige sévère comme un sapeur au
garde-à-vous!

SIR HAROLD, *sec :* Et par les nuits de grand
vent vous voilà en Suisse, dans un troupeau de
vaches. *(Et sur le même ton il enchaîne, parlant à
Abdil :)* J'ai dit qu'ici toutes vos querelles
doivent disparaître. Un Arabe est un Arabe. Il
fallait vous y prendre plus tôt et m'en trouver un
autre.

MALIK : Je le sais. Sir Harold, qu'un Arabe ne
vaut jamais cher. Mais vous croyez que c'est
bien d'aller voler dans la poche d'un camarade. Et nous de travailler avec un voleur. D'être
penché sur les mottes de terre au même moment
que lui, de la même façon que lui, qu'on ne sait

pas si le métier de voleur ne va pas vous rentrer dans le corps par le même mal aux reins que le sien.

SIR HAROLD : Qui m'a prévenu? Maintenant qu'il est engagé, je le garde.

Un silence.

ABDIL : On espérait pouvoir s'en défaire tout seuls.

SIR HAROLD, *courroucé :* Et pourquoi donc? Je ne suis plus le patron?

MALIK : Oh yes! Oh yes, Sir Harold. Vous êtes notre père. Dommage qu'on ne soit pas vos enfants.

SIR HAROLD, *regardant au loin :* Où est-il?

MALIK : Il gratte un peu le pied des citronniers du côté de la futaie des Nymphes. Le rouge que vous voyez là-bas, c'est le rouge de sa veste.

SIR HAROLD, *furieux :* En quarantaine!... Vous l'avez mis en quarantaine!... Et sans mon ordre, et sans m'en rien dire!...

NACEUR, *vif :* S'il s'embauche, c'est pour s'approcher des vestes pendues aux branches ou posées sur l'herbe. Bien. Mais le travail, il le sabote, il le salope, c'est un malpropre. Et je ne parle pas de sa puanteur. On n'a plus de force quand il est à deux pas. Toute l'équipe est contaminée, déshonorée!...

SIR HAROLD : En quarantaine! Et sans mon ordre! Qu'il revienne. *(Il crie :)* Saïd! *(Aux autres :)* A moi, il ne m'a jamais rien pris. Et qu'il ne s'avise pas de commencer! Alors, qu'il vous vole ou non, qu'il vous plaise ou déplaise, c'est un Arabe comme les autres. Il travaille et je l'ai sous la main. Il ira avec vous défricher le terrain. *(A Saïd qui doit être encore assez loin :)* Tu m'écoutes? Pour le travail, et pendant, vous resterez d'accord; en rang, l'un à côté de l'autre, en avançant avec la binette, dans le sens du soleil. C'est clair. Et pas de disputes. Ici vous êtes sur mes terres, pour y travailler et y connaître la camaraderie. Chez vous, ayez toutes les complications et, pourquoi pas, c'est votre droit, tous les raffinements moraux qu'il vous plaira. C'est encore clair? Eh bien, il va faire nuit. Le crépuscule approche, rentrez chez vous. Bonsoir. *(Les trois Arabes, la binette sur l'épaule, sur un rang, sortent par la coulisse de gauche. C'est alors qu'ils ont disparu, que Sir Harold crie :)* Abdil!... Naceur!... Saïd!... Malik!... demain matin au travail à quatre heures. Quand la terre est encore humide. *(A M. Blankensee :)* Pas mal, n'est-ce pas? Ne jamais oublier de les appeler par leur nom... Abdil... Saïd... Malik... Naceur...

MONSIEUR BLANKENSEE, *à Sir Harold :* Voilà le ton juste. A la fois ferme et familier. Pourtant il faut rester sur vos gardes. C'est qu'ils risquent un jour ou l'autre, de vous tenir tête... Et de répondre...

SIR HAROLD : C'est le danger. S'ils prennent l'habitude de répondre, ils prendront celle de réfléchir. Et pourtant!... J'en utilise trois cent cinquante. Je ne peux plus les mener à coups de cravache. Je dois être prudent. *(Il regarde dans la coulisse où ont disparu les Arabes.)* Ce Saïd? Il faut dire qu'il a une de ces touches! Comme les autres, en somme, ni pire...

*Sir Harold et M. Blankensee donneront toutes
les répliques qui suivent en marchant de long en
large, tournant légèrement le dos aux paravents.
En marchant ou assis, dos à dos sur des chaises
qu'ils ont apportées, ou que des Arabes apporte-
ront et remporteront.*
La nuit se fait, doucement.

MONSIEUR BLANKENSEE : Vous êtes armé, natu-
rellement, *(Sir Harold frappe sur son étui à
revolver.)* vos contremaîtres européens le sont
donc !

SIR HAROLD : Tous. Mais j'en arrive à me
méfier d'eux : vous les connaissez : des Italiens,
des Espagnols, des Maltais... et même un grec de
Corfou... et du communisme dans l'air.

*Cependant qu'ils parlent, un Arabe est entré
en se courbant, et au pied de chaque oranger, il
dessine avec de la craie une flamme jaune, puis il
disparaît.*

MONSIEUR BLANKENSEE : Moi, je les fais tous
venir des bords du Rhin... Discipline... loyauté...
C'est la main-d'œuvre qui me donne du tracas.

SIR HAROLD : Vous êtes... ?

MONSIEUR BLANKENSEE, *au garde-à-vous* :
Batave. Mon arrière-arrière-grand-papa. Mais
du côté de ma femme c'est plus récent : le père
était un fonctionnaire. Des Postes. *(Un temps.)*
On peut dire que c'est des hommes comme nous
qui ont fait ce pays.

SIR HAROLD : Vous exploitez les chênes-lièges ?

MONSIEUR BLANKENSEE : Cent cinq mille cent
douze troncs ! *(Geste admiratif de Sir Harold.)*
Pas à se plaindre, s'il ne fallait maintenant

compter avec le Portugal qui fait des prix très
bas. Ajoutez qu'on utilise de plus en plus les
bouchons en matière plastique. Qui durent plus
longtemps, c'est vrai, mais qui refusent au vin,
ou aux eaux minérales, ce bouquet qu'ajoutait le
liège de par ici. Suppression, c'était fatal, de
mon usine de tire-bouchons. Un espoir a lui!
quand avec l'accroissement monstrueux du bruit
dans la métropole on a songé à revêtir les murs
de plaques de liège. Court espoir hélas! lutte
intensifiée contre le bruit et emploi de nouveaux
procédés — artificiels comme tout le reste —
d'insonorisation.

SIR HAROLD : Quels nouveaux procédés?

MONSIEUR BLANKENSEE : Poudre de liège com-
pressée.

> *Un autre Arabe est entré, et de la même façon
> que le premier, dessine des flammes au pied des
> orangers du second paravent.*

MONSIEUR BLANKENSEE, *dégoûté :* On y mêle de
la sciure de bois. Et quel bois! du mélèze de
Scandinavie! Tout est frelaté. Mais l'essentiel
c'est le sauvetage de mes rosiers. On dit, on dira
encore beaucoup de mal des colonisateurs, mais
c'est grâce à l'un des plus modestes qu'il y a ici
une si belle roseraie!... *(Il souffle un peu, et en
souriant, il défait de quelques crans la ceinture de
son pantalon, et il explique.)* C'est mon coussinet...

SIR HAROLD, *intéressé :* Ah, ah, vous portez le
coussinet. Sur le derrière aussi, sans doute.

MONSIEUR BLANKENSEE : Pour l'équilibre. Un
homme de mon âge qui n'a ni ventre ni cul n'a

guère de prestige. Alors il faut bien truquer un peu... (*Un léger silence.*) Autrefois, il y avait les perruques...

SIR HAROLD : L'emmerdant c'est la chaleur. Et puis les courroies.

MONSIEUR BLANKENSEE : C'est très bien agencé, vous savez. Il n'y a pas à proprement parler de courroies. Il s'agit plutôt d'une sorte de caleçon rembourré devant-derrière, qui vous donne de la prestance.

SIR HAROLD : Mais la femme de chambre...

MONSIEUR BLANKENSEE : Ah, pas au courant. Je suis discret. C'est aussi délicat que le dentier ou l'œil de verre dans le verre d'eau : secrets intimes. (*Un soupir.*) Oui, il faut tout ce trucage pour nous imposer... pour en imposer! Mais je suis venu vous trouver pour que vous m'aidiez à mettre au point une tactique de défense.

SIR HAROLD : Comme je vous le disais tout à l'heure, un des meneurs, Slimane, a été tué. Toute la région commence à être effervescente. (*Tendant son étui.*) Cigarette?... Du feu?... (*Un troisième Arabe est entré comme les deux premiers, et dessine des flammes au pied du troisième paravent.*) Vous savez que, malgré la surveillance des gardes champêtres, chaque nuit on coupe dix ou vingt poteaux télégraphiques. Arbres déjà tués, c'est vrai, mais ils passeront aux oliviers... arbres millénaires... c'est encore vrai, mais ensuite aux orangers, aux...

MONSIEUR BLANKENSEE, *enchaînant* : ... chênes-lièges. Je les aime, mes chênes-lièges. Il n'y a rien de plus beau qu'une futaie de chênes-lièges, quand les hommes tournent autour du tronc

pour le décalotter de son écorce. Et que la
viande du bois apparaît, crue et saignante! On
pourra rire de nous, de notre amour pour ce
pays, mais vous, *(Il est ému.)* vous savez bien
que notre amour est réel. C'est nous, qui l'avons
fait, pas eux! Cherchez, parmi eux, un seul qui
sache en parler comme nous! Et parler des
épines de mes roses.

SIR HAROLD : Dites-en deux mots.

MONSIEUR BLANKENSEE, *comme s'il récitait Mallarmé* : La tige droite, raide. Le feuillage vert,
sain, verni, et sur la tige et dans ce feuillage, les
épines. On ne blague pas la rose comme on
blague le dahlia, les épines veulent dire que cette
fleur n'est pas une plaisanterie, tant d'armes qui
la veillent, si l'on veut des donjons, des guerriers! — pour exiger le respect même d'un chef
d'État. Nous sommes les maîtres du langage.
Toucher aux choses c'est toucher à la langue.

> *Délicatement Sir Harold applaudit.*

SIR HAROLD : Et toucher à la langue est
sacrilège. *(Amer.)* C'est toucher à la grandeur.

> *Entre un Arabe en rampant, qui souffle sur le
> feu dessiné aux pieds des orangers. Ces messieurs
> ne le voient pas.*

MONSIEUR BLANKENSEE : Dans une opérette
allemande, je ne sais plus laquelle, j'ai entendu
cette réplique : « Les choses appartiennent à
ceux qui ont su les rendre meilleures... » Qui a
rendu meilleures vos orangeraies, et qui mes
forêts et mes roses? Mes rosiers c'est mon sang.
Un moment j'ai pensé que la troupe...

Entre un second Arabe, comme le premier, activant le feu.

SIR HAROLD : Naïveté. Comme un puceau derrière une palissade l'Armée s'amuse avec elle-même. Elle se préfère à tout... *(Amer.)* ... et surtout à vos roses.

MONSIEUR BLANKENSEE : Foutre le camp?

SIR HAROLD, *fier :* J'ai un fils. Et pour sauver le patrimoine de mon fils, je sacrifierais mon fils.

MONSIEUR BLANKENSEE, *même ton :* Pour sauver mes roses... *(Dépité.)* je n'ai personne à sacrifier.

Entre un troisième Arabe, en rampant : il souffle, lui aussi, sur le feu dessiné aux pieds des orangers, et il l'active avec la main.

Sir Harold et M. Blankensee sortent à droite. Alors de derrière les paravents viennent encore, toujours rampant, cinq ou six Arabes, vêtus comme les premiers, dessinant des flammes et soufflant dessus. Saïd n'est pas parmi eux. On entend, fait dans la coulisse, un grand bruit d'arbres qui flambent. Venant de gauche, Sir Harold et M. Blankensee réapparaissent, semblant très animés par leur discussion, sans voir le cataclysme. Les incendiaires disparaissent aussitôt derrière les paravents.

SIR HAROLD, *il joue avec sa badine :* Et d'ailleurs, même si nous en avions le désir, comment ferions-nous, nous, la subtile distinction : un Arabe voleur et un Arabe non voleur? Eux-mêmes, comment s'y prennent-ils? Si un Français me vole, ce Français est un voleur, mais si un Arabe me vole, il n'a pas changé : c'est un Arabe qui m'a volé, et rien de plus. Ce n'est pas

votre avis? *(De plus en plus fort et animé :)* Il n'y
a pas de propriété en immoralité — les écrivains
pornographes le savent bien, qui ne pourront
jamais se plaindre à un tribunal qu'un autre
pornographe leur ait dérobé une situation...
dégoûtante. *(M. Blankensee rit d'un gros rire.)*
Pas de propriété en immoralité, voilà la formule.
(De plus en plus fort, humant l'air :) Ça sent la
confiture! Je ne veux pas dire, attention, qu'ils
n'aient pas de morale, je dis qu'en aucun cas leur
morale ne peut être calquée sur la nôtre.
(Soudain inquiet :) Et de cela, ils doivent se
douter. Si tout à l'heure nos trois lascars — un
mot qu'on leur a chipé, entre parenthèses, un
mot à eux mais que nous avons vite mis au
pas — si nos trois lascars ont reconnu qu'un
des leurs est un voleur, ils ont hésité longtemps
avant de me le dire... oh, oh!... c'est qu'il y a
quelque chose dans l'air... Et ce Saïd dont la
réputation ne cesse de s'enfler! J'aurais dû...

*Ils ressortent, coulisse de gauche. Toujours en
rampant, viennent dix ou douze Arabes, vêtus
comme je l'ai dit, qui soufflent sur les flammes,
et les dessinent si grandes qu'elles embrasent tous
les orangers. Quand Sir Harold et M. Blankensee reviennent — coulisse de droite — ils auront
disparu.*

MONSIEUR BLANKENSEE, *l'un et l'autre semblent
très excités par la discussion :* ... d'une politique
bien faite. Mais l'Armée ne s'en mêle qu'à
contrecœur. Elle recherche l'adversaire comme
un chien le gibier. Que mes roses ou vos oranges
soient e.. péril, l'Armée s'en fout. Au besoin, elle

saccagerait tout pour que sa fête soit plus folle...

SIR HAROLD, *comme préoccupé* : J'aurais dû...

MONSIEUR BLANKENSEE : Quoi donc, cher ami?...

SIR HAROLD, *comme une évidence* : ... m'en douter. *(Un temps.)* Depuis un moment déjà, ils ne croyaient plus dans les vertus de vigilance de mon gant de pécari. *(Encore plus soucieux.)* D'ailleurs, mon gant lui-même avait cessé de me renseigner.

MONSIEUR BLANKENSEE : Ces cons finiront par nous rendre intelligents.

Commentaires du dixième tableau

Les trois paravents seront déjà en marche, avant la fin du tableau précédent.

M. Blankensee comme Sir Harold seront anormalement hauts sur pattes.

Ils parleront, sans se regarder jamais, d'une voix très aiguë : ils crieront presque, rageurs, comme le général Franco à la radio espagnole.

Il faudra faire attention en jouant cette scène : ce n'est pas une scène de comédie : M. Blankensee et Sir Harold sont persuadés d'avoir raison. Malgré le ton perché de leurs voix, ils seront sûrs de leurs vertus : ils sont les maîtres du langage.

Les Arabes qui travailleront au début de la scène auront toujours le dos courbé, par contre, ceux qui viendront mettre le feu seront très agiles, très souples : ils connaissent déjà la technique de la subversion. Très bien régler leurs mouvements, en leur donnant une apparence d'improvisation.

Les gestes de Sir Harold et de M. Blankensee seront très amples, très sûrs. Très étudiés aussi.

Mais c'est tout une autre école de l'interpréta-
tion qui doit remplacer celle qui existe en
France actuellement. Sans être la caricature des
colons, mais renvoyant au public une image
profonde de lui-même, comment les acteurs
devront-ils s'y prendre?

Les Arabes serviles et les Arabes incendiaires
ayant la même fonction que Sir Harold et que
M. Blankensee, comment faire?

Eux aussi seront des géants.

Géants aussi, M. et Mme Blankensee.

Le Gardien n'est autre que le Gendarme, dans
son bel uniforme.

★

Le lecteur de cette pièce — *Les Paravents* —
s'apercevra vite que j'écris n'importe quoi. A
propos des roses, par exemple. Plutôt que la
fleur, M. Blankensee chante les épines. Or, les
horticulteurs savent tous cela : trop d'épines, et
trop importantes, privent la fleur de sève ou
d'autres choses nécessaires à la robusté, à la
beauté de la corolle. Trop d'épines nuisent, et
M. Blankensee ne paraît pas s'en douter. Son
métier c'est la comédie, pas la culture des roses.
Mais c'est moi qui ai inventé ce colon et sa
roseraie. Mon erreur peut — doit — être une
indication. S'il travaille à la beauté des épines ou
pourquoi pas des pines plutôt qu'aux fleurs,
M. Blankensee, à cause même de cette erreur,
par moi commise, quitte la roseraie pour entrer
dans le Théâtre.

Il en est peut-être de même, pour toutes les autres scènes, qu'il faut dire d'une certaine façon afin d'en apercevoir le décalage.

Dans cette pièce — mais je ne la renie pas, oh non ! — j'aurai beaucoup déconné.

ONZIÈME TABLEAU

Au premier plan, c'est-à-dire sur le sol de scène, deux paravents : trois branches à droite, trois branches à gauche. On y lit le mot prison. Saïd est allongé au pied du paravent de droite. Leïla accroupie à gauche. Au milieu de la scène, une chaise, où le Gardien, endormi, ronfle. En retrait des deux paravents, sur une estrade assez haute, apparaîtra tout à l'heure un second paravent, venant de la coulisse de droite. Il représentera la fenêtre et le balcon de M. et Mme Blankensee. Mais avant, sur une estrade encore plus haute et donc plus en retrait que celle-ci, sera apparu, venant de gauche, un paravent bleu ciel. C'est devant celui-là que se harnachent les Légionnaires et le Lieutenant.

LEÏLA, *d'une voix très douce :* ... en marchant vite, et les reins courbés, mais surtout la veste pas boutonnée, personne n'aurait remarqué la bosse que faisaient les boîtes de conserves sous ta chemise.

SAÏD, *même douceur :* Si tu as raison, c'est encore pire, puisque tu me montres le moyen de m'échapper une fois que c'est rendu impossible. Il fallait me prévenir avant...

LEÏLA : J'étais déjà bouclée. Dans le cachot enfermée. Je ne pouvais plus te conseiller.

SAÏD : Je ne veux pas de conseils, mais tu peux me guider puisque tu es invisible et lointaine, derrière des murs épais... Et blancs... Et lisses... Et inaccessibles... Lointaine, invisible et inaccessible tu pouvais me guider. *(Un temps.)* Chez toi, où c'est que c'est que ça pue le plus ?

LEÏLA, *extasiée :* Oh moi! Qui, à mon approche, ne tombe foudroyé ? Quand j'arrive, la nuit se replie...

SAÏD, *extasié :* En déroute ?

LEÏLA : Elle se fait petite... petite... petite...

UNE VOIX, *très forte, dans la coulisse :* Les hosties et le latin à peine avalés...

> *Soudain, comme une sonnerie de clairon imitée avec la bouche.*
>
> *C'est alors, que sur l'estrade du haut, glisse le paravent. En transparence on voit cinq légionnaires agenouillés. Ils se relèvent. Le Lieutenant, qui vient d'entrer, tête nue, remet son képi. Il parle à quelqu'un qui est dans la coulisse alors que le paravent redevient opaque.*

LE LIEUTENANT, *c'est lui qui parlait :* ... qu'on serve un café bouillant. Vous, les brancardiers, démontez l'autel portatif, et vous, Monsieur l'Aumônier, surplis, crucifix, calices et ciboires, dans le barda. *(Le Lieutenant passe son baudrier.)* Mes gants! *(Un légionnaire sort de la coulisse de*

gauche et lui tend une paire de gants de peau gris.)
Blancs. *(Le soldat disparaît une seconde, réapparaît avec une paire de gants blancs, salue et sort. Le Lieutenant mettant ses gants avec beaucoup de soin.)* A bloc. Gonflés à bloc. Gonflés... et durs, bordel! Vos lits d'amour, c'est le champ de bataille. A la guerre comme à l'amour!... Pour les combats, parés!... De toutes vos parures, Messieurs. *(Il fixe la coulisse de gauche.)*... Je veux qu'on renvoie à votre famille des bracelets-montres et des médailles tachés de sang caillé et même de foutre. Je veux... Preston!... mon revolver... Je veux vos visières de képis plus luisantes que mes bottes, plus vernies que mes ongles... *(Entre Preston, un autre légionnaire, qui tend à l'officier la sacoche contenant le revolver, puis il sort. Le Lieutenant l'accroche à son ceinturon, tout en parlant.)* ... vos boutons, boucles, agrafes, crochets, comme mes éperons : chromés... La guerre l'amour, je veux cousues dans vos doublures des images de gonzesses à poil et des immaculées de Lourdes, autour de vos cous des chaînettes d'or ou de plaqué or... sur vos cheveux, de la brillantine, des rubans dans vos poils du cul — pour ceux qui en ont, mais nom de Dieu, un soldat doit être poilu! — Et beau... Preston!... mes jumelles. *(Même jeu que plus haut. Preston apporte les jumelles dans l'étui. Le Lieutenant en passe avec application la courroie autour de son cou, puis il ouvre l'étui, et examine les environs, puis remet les jumelles dans l'étui, et... bref, il joue.)* Poilu... et beau! N'oubliez pas. Bons guerriers, guerriers braves, sans doute, mais d'abord beaux guerriers. Donc :

épaules parfaites, rectifiées par artifice si néces-
saire. Cous musclés. Travaillez vos cous. Par :
torsion, tension, contraction, distorsion, suspen-
sion, pression, flexion, fluxion, masturbation...
Cuisses épaisses et dures. Ou apparemment. A la
hauteur des genoux, sous la culotte... Preston !...
mes bottes !... *(Entre Preston qui s'agenouille*
devant l'officier et passe un chiffon sur les
bottes.)... sous la culotte, mettez des sacs de
sable pour vous gonfler les genoux, mais appa-
raissez comme des dieux ! Votre fusil...

UNE VOIX : Cré vingt dieux ! Des sacs de sable
dans la culotte des dieux ! Des dieux rembourrés,
vous avez entendu, les gars.

> *Le Sergent apparaît et salue le Lieutenant.*
> *Sa vareuse est déboutonnée, et il ne s'en soucie*
> *pas. Sa braguette aussi est entrouverte.*

LE LIEUTENANT, *enchaînant :* Votre fusil, ciré,
astiqué, briqué, suprême joyau sa baïonnette
fleuron de la couronne, lys de l'oriflamme, la
baïonnette son acier plus impitoyable que celui
de l'œil du sergent...

LE SERGENT, *au garde-à-vous :* Présent, mon
lieutenant.

LE LIEUTENANT : Repos. Et votre œil comme la
baïonnette. Et l'amour. Je veux : la guerre est
une partouze du tonnerre. Éveil triomphant !
Faites reluire mes bottes ! Vous êtes le chibre
terrible de la France qui rêve qu'elle baise ! Plus
éclatantes mes bottes. Preston ! Je veux la guerre
et l'amour au soleil ! Et les tripes au soleil ! Vu ?

LE SERGENT : Vu.

LE LIEUTENANT, *à la coulisse :* Entendu ?

UNE VOIX, *en coulisse :* Entendu.

LE LIEUTENANT, *toujours à la coulisse :* Nous nous servirons de la nuit pour approcher, mais c'est à l'aurore, quand éclatera le soleil, que nous entrerons. Il y aura du sang... le vôtre ou celui des autres. N'importe. Vous serez sensibles au liquide d'où qu'il vienne, de quelque fontaine qu'il coule... Vous, Walter?...

Les répliques qui suivent seront dites à fond de train.

VOIX DE WALTER, *en coulisse :* Mes deux mains coupées, mes deux pieds coupés, et mon sang s'il gicle en quatre jets qui me retombent dans la gueule ouverte...

Pendant ce temps, on entend le léger ronflement de Leïla, de Saïd et du Gardien.

LE LIEUTENANT : Parfait. Vous, Hernandez?

VOIX D'HERNANDEZ : Non. Pas du mien, mais du ventre que j'éventre va bondir le sang!

LE LIEUTENANT : Vous, Brandineschi?

VOIX DE BRANDINESCHI : Le sang, mon lieutenant. Le mien. Le vôtre. Celui des autres ou celui des pierres, mais le sang.

LE LIEUTENANT : Parés?

C'est à ce moment qu'entre, venant de droite, le paravent représentant la fenêtre de la maison Blankensee.

UNE VOIX : Parés.

LE LIEUTENANT : Les jurons? Tant qu'on sera en terre lointaine faites retentir l'écho des collines de vos jurons les plus sauvages. *(Au Sergent :)* Sergent! Vos hommes fourbissent des jurons de légionnaires, j'espère? Les hommes, je les veux : lyriques, réalistes, amoureux. *(Soudain plus calme, presque tendre :)* Mais, Messieurs, derrière ces collines, c'est des hommes que vous devrez éventrer, pas des rats. Or, les Bicots sont des rats. Le temps d'un éclair, dans le corps à corps, regardez-les bien — s'ils vous en laissent le temps — et découvrez, mais vite, l'humanité qui est en eux; sinon vous tueriez des rats, et vous n'auriez fait la guerre et l'amour qu'avec des rats. *(Il paraît très triste, presque découragé.)* Vu?

LE SERGENT, *sortant un paquet de cigarettes :* Vu.

Il laisse tomber une cigarette. Le Lieutenant la ramasse et la lui tend. Sans un mot le Sergent la porte à sa bouche.

LE LIEUTENANT, *même ton découragé :* Entendu?

Cependant que Preston fait reluire ses bottes, le Lieutenant examine la salle avec ses jumelles. Le Sergent, calmement, boutonne son pantalon et sa vareuse.

LE SERGENT : Entendu.

LEÏLA, *se réveillant :* C'est à toi d'être prudent. Et malin.

SAÏD, *même jeu :* Mais c'est à toi de me montrer l'échappée avant que Dieu l'ait bouchée. Tu ne me sers à rien.

LEÏLA, *ironique :* Vu?

SAÏD : Vu.

LEÏLA, *même ton :* Entendu?

SAÏD : Entendu.

LEÏLA : Sauf à ta honte. Et tu trouves tout de même normal que je fasse ce qu'il faut pour te rejoindre en tôle.

SAÏD, *très irrité :* Normal que la honte, comme l'ombre, marche et brille à côté ou derrière moi. *(Un temps.)* Dis-moi pourquoi tu es passée par les petits chemins au lieu de prendre par la nationale? Par la nationale on te voyait et on ne te remarquait pas. Par les petits chemins on a flairé ton vol, puisque tu pues le vol.

LEÏLA : Tu as toujours raison après. C'est après que j'étais laide que tu m'as épousée. *(Un temps.)* Mais toi, dis-moi pourquoi tu n'as pas pris d'argent dans la caisse de l'épicière? Elle avait vendu tout son savon...

SAÏD : Quand je suis repassé, deux heures après, son grand-père était dans le magasin. Il comptait les paquets de tapioca, il a fallu que je l'aide.

LEÏLA, *avec une pitié excessive :* Mais tu ne sais pas compter, mon pauvre Saïd.

SAÏD : Je ne sais ni lire ni écrire, mais compter, si.

Un temps.

LEÏLA : Si je suis acariâtre et méchante... *(Un temps.)* Saïd...

SAÏD : Merde.

LEÏLA, *à voix douce :* Saïd... maintenant je mendie comme il faut.

SAÏD, *admiratif :* La chine! Et tu ne me le dis que cette nuit?

LE GARDIEN, *qui est le Gendarme qui a arrêté Leïla, réveillé et debout, d'une grosse voix vul-*

gaire : ... à toujours gueuler, à vous engueuler, à
cause de vous je passe d'abominables nuits. Le
surveillant-chef a pourtant pris soin de vous
placer à chaque bout du couloir, il faut que vous
murmuriez vos chansons. Elles vont, elles
viennent, elles traversent mes oreilles et les
oreilles des voleurs et des maquerelles couchés
sur leur paillasse. Laissez donc un moment la
nuit se reposer. Elle aussi a besoin de silence.
D'un bout à l'autre de la terre musulmane, ce
n'est que murmures dans l'ombre, bruits de
branches cassées, pierres à briquets qui cré-
pitent, un olivier qui flambe, des rôdeurs qui
laissent une odeur de roussi, révoltes... et vous
deux, vous deux, dans vos guenilles... vous
n'arrêtez pas... de... chanter...

Il s'assoupit.

SAÏD, *continuant une conversation avec Leïla :*
Dans ma cellule aussi il fait noir. La seule
lumière c'est tes dents gâtées, tes yeux sales, ta
peau triste, qui me l'apportent. Tes yeux
fameux, tes yeux fumeux, l'un qui vise Rio de
Janeiro et l'autre qui plonge dans le fond d'une
tasse : ça c'est toi. Et ta peau triste : un vieux
cache-col en soie autour du cou d'un instituteur
laïque : ça c'est toi. Mes yeux n'arrivent plus à
s'en détacher...

LEÏLA, *doucement :* Ni ton esprit du rabais que
te faisait mon père à mesure que tu me détail-
lais ? Pour ton soulagement : tu n'avais pas un
sou. C'est comme une épluchure que tu m'as...

SAÏD, *triste :* Ton père et moi on est vite
arrivés au prix le plus bas.

LEÏLA : Moi aussi j'ai mis de la bonne volonté à descendre où tu me disais et c'est pas au fond d'une tasse de lait! Maintenant, j'y vais toute seule. Et même, il faudrait presque me retenir par la jupe...

SAÏD : Est-ce qu'il y a encore en toi des endroits qui pourraient être salués? Si tu en vois...

LEÏLA : Il y en a sûrement, mais celui qui les saluera — by! by! — aura le cœur bien accroché... *(Un temps.)* Tu ne m'as jamais battue, Saïd?

SAÏD : Toutes les nuits je ne fais que m'entraîner. Dès ma sortie tu prends sur la gueule.

Un silence. On entend une voix qui parle.

LA VOIX DU CONDAMNÉ À MORT, *très virile et décidée* : Non. Si c'était à refaire : je m'approcherais de face, en souriant, et je lui offrirais une fleur artificielle, comme elle les aimait. Un iris en satin violet. Elle me remercierait. Aucune poupée blonde comme celles des films n'aurait écouté de pareilles foutaises que les miennes, et dites avec un si câlin sourire. C'est seulement...

LEÏLA, *admirative* : Qui c'est?

LE GARDIEN, *grognon* : Le condamné à mort. Il a tué sa mère.

LA VOIX DU CONDAMNÉ À MORT : ... quand mon discours aurait été fini, qu'elle aurait respiré la rose et qu'elle l'aurait piquée dans ses cheveux gris, que je lui aurais... *(A mesure la Voix s'exalte, et vers la fin elle psalmodiera et chantera.)* délicatement ouvert le bide. Délicatement, j'aurais soulevé les rideaux du jupon pour

regarder couler les boyaux, et j'aurais joué avec
comme les doigts jouent avec des joyaux. Et la
joie mon œil l'aurait redite à l'œil égaré de ma
mère !

Un silence.

SAÏD, *triste :* Il est arrivé au point où il peut
chanter.

LE GARDIEN, *brutal :* Au point où il *doit*
chanter. Et vous autres, les apprentis, vos
gueules !

Un silence.
On entend quelques mesures de La Marseillaise *jouée sur un harmonica.*
*Leïla et Saïd ferment les yeux. Le Gardien
ronfle.*
*La lumière s'allume. C'est la chambre des
Blankensee. M*me* Blankensee est devant la
fenêtre, dessinée sur le paravent. Elle a un
revolver à la main, braqué devant elle.
M. Blankensee cherche quelque chose dans la
chambre. M*me* Blankensee est vêtue d'un désha-
billé mauve.*

MADAME BLANKENSEE, *dans un souffle :* Fa
dièse.

MONSIEUR BLANKENSEE, *même jeu :* On a touché
à la maréchale Joffre.

MADAME BLANKENSEE : Où est-elle ?

MONSIEUR BLANKENSEE : Ne crains rien, chérie.
Toute la roseraie est piégée. Moi-même, j'ai
tendu des pièges à loups dans toutes les allées.
(Il grince des dents.) Comme tes dents mor-
dillent une rose, les mâchoires d'acier de mes
pièges — songe qu'il y en a une cinquantaine,

dans les massifs et les allées — tu ne sens pas comme les mâchoires d'acier n'en peuvent plus d'attendre? Il va falloir qu'elles mordent.

MADAME BLANKENSEE, *émue :* Chéri!

MONSIEUR BLANKENSEE : Tu n'as pas peur?

MADAME BLANKENSEE : Tu es là. *(Un temps.)* Ce matin, tu as eu l'impression que quelque chose bouge, dans la ville arabe?

MONSIEUR BLANKENSEE : Tout bouge. Le calme est si grand qu'on peut dire que tout bouge à une vitesse terrible.

MADAME BLANKENSEE : Ils veulent nous impressionner...

MONSIEUR BLANKENSEE : Ou bien ils ont peur...

MADAME BLANKENSEE : C'est pareil... *(Un geste.)* Quelque chose remue...

MONSIEUR BLANKENSEE : C'est le cyprès. Je vais y aller... Je voudrais savoir s'il y en a un de pris? S'il serre des dents pour ne pas gueuler, et pourquoi chaque mâchoire d'acier ne gueule pas... *(Il semble chercher quelque chose.)* Où est...

MADAME BLANKENSEE : Quoi? Ton coussinet?... La bonne l'a découvert ce matin en faisant la chambre. Elle l'a emporté pour le recoudre.

MONSIEUR BLANKENSEE, *atterré :* Découvert!... Emporté!... Le recoudre!...

MADAME BLANKENSEE : Il ne fallait pas l'oublier. Depuis quelques jours tu oublies de le mettre et tu le laisses traîner... Tu te relâches, et ce n'est pas le moment...

MONSIEUR BLANKENSEE : Et... tu crois qu'elle se doute?...

MADAME BLANKENSEE : Leur finesse s'aiguise. J'ai voulu lui parler, savoir ce qu'elle savait. Je l'ai épiée, elle passait derrière un massif et je voulais me trouver sur son chemin. Je m'approche donc, mine de rien, et... sur qui je tombe?...

MONSIEUR BLANKENSEE : Sur elle?

MADAME BLANKENSEE : Sur le gendarme Antomarchi.

MONSIEUR BLANKENSEE : Qu'est-ce qu'il voulait?

MADAME BLANKENSEE : Il a bafouillé, stupide comme toujours, et il s'est sauvé. (*M. Blankensee hausse les épaules.*)... Tu sors?

MONSIEUR BLANKENSEE : Au milieu de mes roses sans mon coussinet sur le ventre?

MADAME BLANKENSEE : C'est la nuit.

MONSIEUR BLANKENSEE : Raison de plus. Mon coussinet c'est la meilleure part de mon prestige. Mes bottes aussi. Quel parfum auraient mes roses sans mes bottes pour me les faire sentir. Et s'il y avait un gibier saisi par la patte, qu'il soit à l'agonie...

MADAME BLANKENSEE, *compatissante* : Je sais, chéri. C'est comme moi sans mes faux cheveux, mais puisque c'est la nuit... (*Câline.*) Va vers tes roses comme tu viens vers moi : en caleçon...

MONSIEUR BLANKENSEE, *troublé et l'embrassant* : L'ennemi est autour de nous. Je n'ai plus de coussinet... ni sur le cul ni sur le ventre... Tout nous trahit, mais toi, tu es là...

MADAME BLANKENSEE, *même trouble* : Mon amour! La trahison n'est plus comme avant. Autrefois, me contait mon arrière-grand-mère, la veille de leurs noces, les fiancés s'épousaient. Le mâle déchirait la femelle, et sous sa robe blanche

une invisible tache rouge prouvait que l'amour
était plus fort que Dieu. Il fallait croire en Dieu,
bien sûr et trahir. Quand arrivait le matin du
sacrement, elle était belle, la couronne d'oranger!

LE GARDIEN, *endormi :* Toute une vie sur le
péché!

MADAME BLANKENSEE : Toute une vie d'amour
fondée sur le péché, m'expliquait mon arrière-
grand-mère. Que l'amour commençât par une
trahison se perpétuait comme la secrète blessure
d'un ordre qu'on respecte encore.

MONSIEUR BLANKENSEE : Tu crois que c'est
parce que je t'ai épousée vierge et conduite
vierge à l'autel que tout fout le camp?...

MADAME BLANKENSEE, *comme dans un spasme :*
Mon bien-aimé, tout fout le camp!...

> *On distingue très nettement Mme Blankensee,*
> *très émue, laisser partir un coup de revolver.*
> *Obscurité à ce paravent.*

LEÏLA, *d'une voix gutturale, et appelant comme à*
la foire on appelle les badauds : Qui... qui? Et qui
encore n'a pas vu Saïd désossé, disloqué quand
les flics lui filent son avoine? Et qu'il bave du
sang, saigne de la morve, suinte par tous les
trous, qui n'a pas vu?...

SAÏD, *même ton :* Et qui ma femme ne l'a pas
vue se sauver — allez la voir, allez la voir! — se
sauver pas sous les pierres, sous les paquets
devinez de quoi, et sous des tripotées...

LEÏLA, *à chaque réplique l'un veut crier plus*
fort que l'autre : ... mon homme autour des
vestes...

SAÏD : ... Elle court tête baissée, pattes tordues...

LEÏLA : ... rôder, s'amener à quatre pattes dans l'herbe, son ventre ramassant tout...

SAÏD : Ma femme les oiseaux du ciel chier dessus que tu deviens statue de pierre. Place Léopardi à Vérone, je t'y ai vue un jour sur les quatre heures du matin, sous la merde des colombes, et nue. Magnifique dans le jour...

LEÏLA : ... si prudent, si vif, si vert qu'il est le carré de poireaux, si gris qu'il est ma peau sèche...

SAÏD : ... que le jour au lieu de venir s'en va pour mieux la laisser triompher dans sa gloire! *(On entend la mitraillette au loin.)* Ce qui est sûr, c'est qu'ici on est bien, à l'abri, pour m'engueuler avec Leïla.

Il est interrompu par la Voix.

LA VOIX DU CONDAMNÉ À MORT : Madame, c'est pour ma liberté. Madame, je n'aime que votre ventre où pendant neuf mois j'ai pris la forme rose que la rose de votre matrice a laissé tomber sur le carreau comme une quenelle sur une assiette. Aujourd'hui, je me libère pour de bon de votre ventre trop chaud! je le refroidis. Au crépuscule à la première étoile demain je suis pendu mais celui qu'on pend a l'agilité de la gazelle, son invisibilité. *(Il psalmodie.)* J'ai connu la guerre et dans la guerre la défaite sacrée! A feu! Et à sang! Il faut de l'ombre à la lumière!

SAÏD : Une mendiante...

LEÏLA : ... pue. C'est son truc. On lui donne un sou et on se sauve en dégueulant.

Un léger silence.

SAÏD, *admiratif :* Tu vas chiner!

Un silence plus long.

LE GARDIEN, *se réveillant à demi :* C'est encore vous! C'est la nuit qui veut qu'on dorme. Taisez-vous les amoureux, et dormez.

Cependant que Leïla et Saïd parlaient, les légionnaires qui étaient entrés silencieusement alors que M. Blankensee plus haut répliquait : Le calme est si grand... s'activaient, fermant les musettes, arrangeant leurs cartouchières, etc. Soudain, imitée comme la première, une sonnerie de clairon éclate. Tous se mettent au garde-à-vous; ils saluent un drapeau qui doit se trouver dans la coulisse de droite, puis ils sortent, passant derrière le paravent, après avoir décrit une courbe, marchant d'un pas lourd, comme s'ils partaient pour aller très loin. Le Sergent, qui n'a pas fini de se boutonner, reste seul.

Sur sa chaise, le Gardien de la prison s'agite. Saïd et Leïla semblent dormir.

LE GARDIEN, *faisant le salut militaire alors que la sonnerie a cessé :* Présent, mon colonel! *(Puis, il semble s'éveiller, il s'ébroue, et, tourné vers le fond de la scène, il crie :)* C'est encore toi qui joues du mirliton? Demain matin, avant le jour, tu seras au mitard. *(Il bâille, se rassied et semble s'assoupir, puis, imitant les répliques plus haut, pour lui-même.)* Vu?... Vu. Entendu? Entendu.

Il s'endort.
Le Sergent est debout, devant le paravent du

*haut. Il achève de boutonner sa braguette, puis
sa vareuse. Le Lieutenant s'approche de lui et le
regarde un instant silencieux.*

LE LIEUTENANT : Tout à l'heure, nous passe-
rons à deux doigts de la mort... C'est au corps,
qu'il faudra les travailler... ils nous attendent
derrière la casbah...

LE SERGENT, *d'une voix molle* : Je suis prêt.

LE LIEUTENANT, *fixant le Sergent* : Je n'en
doute pas. Vous avez l'œil transparent des
grands Écossais roux. L'œil saxon, plus glacé
que le germanique. Et si triste, parfois...

LE SERGENT, *coquine* : Vous regardez souvent
mes yeux?

LE LIEUTENANT : Je fais bien mon métier de
chef. Je les observe... Quand votre visière n'est
pas trop baissée.

*Avec son propre mouchoir, il essuie le bau-
drier du Sergent qui ne bronche pas.*

LE SERGENT, *il continue à se boutonner* : Moi, ce
que je voudrais, c'est me couronner de bleuets et
de pervenches!... Recoudre mes boutons assis au
bord d'une rivière... Tout nu m'enfoncer dans
des draps blancs... *(Un temps.)* Une grande fille
qui vient d'étendre son linge, et qui court...

LE LIEUTENANT, *sévère* : Votre œil est glacé :
vous êtes un guerrier-né.

LE SERGENT, *il ramasse son barda et le charge* :
... Une grande fille qui court, voilà, ça c'est
vrai que je n'arrive pas à la rattraper tellement
elle court vite sur ses talons...

*Tous les paravents sont déjà en mouvement
pour disparaître dans les coulisses.*

LE LIEUTENANT : Tout à l'heure, nous allons passer à deux doigts de la mort : elle aussi, la jeune fille qui vient d'étendre son linge. Après, elle aura vécu, comme on dit. Sa démarche sera un peu lourde. On la verra respirer sous sa robe. Vous pourrez peut-être l'épouser. Vous êtes prêt?... Ils attaquent à la grenade... On va essayer de les bloquer entre la casbah et le cimetière. Vous êtes un guerrier-né. La preuve, c'est que la visière de votre képi est toujours un peu trop baissée sur vos yeux... qu'elle voile.

Un autre paravent est déjà entré.

Commentaires du onzième tableau

D'abord sur le harnachement des légionnaires : ils porteront un sac ressemblant au sac des vrais légionnaires, mais ils auront un fusil en bois peint. Peint en bleu ciel pour la crosse et le canon, et en rose pour les autres parties.

Ils n'apparaîtront pas comme venant de derrière un paravent, mais en se relevant. Le Lieutenant, marchant à reculons, afin d'observer sa troupe, se retournera quelquefois pour observer l'endroit où ils vont. Marchant ainsi, et à reculons, les Légionnaires seront emboîtés les uns dans les autres, c'est-à-dire que le deuxième légionnaire se trouvera assis sur le genou de celui qui est derrière lui, quand il lève la jambe pour reculer.

Si le croquis était mieux fait, il donnerait une idée de ce que je veux :

Légionnaires   Lieutenant

Comme les Blues Bell Girls, en somme.

Tous les militaires, le Lieutenant et le Sergent, M. et Mme Blankensee auront de trente à quarante centimètres de plus que les Arabes.

Dans les dialogues Saïd-Leïla, les répliques se chevauchent, selon les mots ou les syllabes soulignés.

Pour la construction d'un personnage, par exemple, le Sergent :

Je veux un Sergent qui sous une apparence brutale dissimule, comme il le peut, une profonde blessure. Il faut donc, d'abord, puisqu'on ne peut pas choisir la blessure qu'on voudrait et mettre du falbalas autour, choisir un comédien dont la corpulence étonnera. Si le costumier est habile, il faut encore exagérer ses proportions : il ne faudra pas avoir peur de l'excès : bottes à talons et à semelles épaisses (permettant pourtant ce qu'on appelle une allure féline). Obtenir, par le maquillage, que le visage indique davantage de sexualité que de beauté. Nous devons donc avoir recours à de faux cheveux, presque dorés, à de faux cils, à une peau bariolée, des lèvres et des dents artificielles. Le costume sera celui-ci : à l'uniforme traditionnel du soldat choisi, le Sergent, succombant presque à un délire, superpose un si grand nombre d'ornements puérils qu'ils recouvrent le premier, comme certaines valises chargées d'étiquettes du monde entier. Voilà pour la part et la parade faciles.

Les gestes seront plus énormes. Dès son apparition, les gestes seront exagérés dans la brutalité jusqu'à ce que le Sergent crève le

paravent des morts, ensuite par comparaison
avec le premier jeu, les gestes le recroqueville-
ront.

Exagérées : sa sournoiserie, sa cruauté, sa
vacherie plutôt que ses rodomontades. Pour cela,
la voix sifflante, et si possible aiguë, un peu
châtrée, les gestes près du corps, prompts à
s'armer, vite à se battre, le regard toujours
évitant le regard du Lieutenant, la démarche
chaloupée, à petits pas. Quand le Lieutenant
s'approche de lui, pour arranger son képi, le
Sergent a un geste vif, à la fois d'arrogance et de
défi : il recule ou il se rapproche méchamment,
vachement. Le mouvement est à trouver. Il
peut, par exemple, se mettre en garde, ou bondir
en arrière. Au contraire, quand il apparaît chez
les morts, c'est la jeune fille débarrassée de ses
dagues, de ses couteaux, de sa vacherie, au bord
du lavoir, le sourire aux dents. Les gestes seront
amples, souples, onduleux. Si l'on veut, c'est un
liseron — où il y a Lise — qui s'enroule et
s'entortille autour de n'importe quoi, ou plus
précisément, autour de celui qu'il était, roide et
fragile à la fois.

En racontant sa mort, le Sergent doit exagérer, voix et gestes, le côté clownesque de cette
opération.

D'où vient donc cette brutalité du Sergent ? A
vrai dire, je n'en sais rien, mais j'invente une
origine : les Arabes qui peuplent la nuit des
collines ont une virilité légendaire monstrueuse.
Celle du Sergent est menacée. Autour d'elle il
élabore une pompe — si je choisis les thèmes, les
mots n'en font qu'à leur tête ! —, du muscle, du

harnachement jusqu'au juron et aux attitudes afin de dissimuler ce qui est un souci qui le travaille jusqu'au désir de tuer.

Si l'on tient à faire vivre le personnage « de l'intérieur », il est possible que l'acteur chargé du rôle — dès les premiers tableaux où il apparaîtra — se croie chasseur de sexes maures comme d'autres de scalps, qu'il attachera à sa ceinture et qui, sans pouvoir détruire ses raisons de chasser, lui donneront, encore qu'il soit livide, un visage apoplectique.

C'est bien mal dire qu'autour d'une invisible blessure un homme amoncelle ce qui cachera la blessure cependant qu'il la montre du doigt. Il me semble donc que chaque personnage n'est qu'une blessure disparaissant sous les ornements et apparaissant par eux.

Le comédien peut, du reste, inventer n'importe quelle défaillance. Mais qu'il choisisse celle qui lui permettra le mieux d'apparaître dans sa solitude. La blessure dont je parle peut être inventée par le comédien, mais elle peut avoir été ressentie par lui.

DOUZIÈME TABLEAU

Le paravent représente une sorte de long et haut rempart blanc, et crénelé. Six branches. Une dizaine d'Arabes vêtus soit à l'européenne, soit à l'orientale, multicolores. Lumière éclatante — pleins feux — sur le rempart et sur la foule.

LE NOTABLE, *en costume européen bleu, très décoré, mais portant le fez. A la coulisse :* Que tout le monde soit digne. Renvoyez les enfants.

UN ARABE : Renvoyez aussi les femmes à la maison. Cheik.

KADIDJA, *qui est cette vieille qui empêchait la Mère d'aller pleurer le mort :* Sans les femmes tu serais quoi ? Une tache de sperme sur le pantalon de ton père, et que trois mouches auraient bue.

LE NOTABLE : Va-t'en, Kadidja. Ce n'est pas le jour.

KADIDJA, *furieuse :* C'est mon jour. Ils nous accusent et nous menacent, et vous pensez à être prudents. Et dociles. Et humbles. Et soumis. Et demoiselle. Et pain blanc. Et bonne pâte. Et voile de soie. Et pâle cigarette. Et doux baiser et douce langue. Et poussière tendre sur leurs bottes rouges !

LE NOTABLE, *sévère :* Kadidja, il s'agit de la sécurité générale.

KADIDJA : Je ne partirai pas ! Non, je ne partirai pas ! *(Elle frappe le sol du pied.)* Ici c'est mon pays. Ici c'est mon lit. Ici quatorze fois, j'ai été baisée pour accoucher de quatorze Arabes. Je ne partirai pas.

> *Tous les Arabes ont le dos voûté.*

LE NOTABLE : Qu'elle s'en aille, ou qu'on la bâillonne !

Mais déjà s'approche un chef, silencieux. Voilé et vêtu de soie et d'or. Il s'incline devant le paravent crénelé. On veut emmener Kadidja, mais les premières mesures de La Marseillaise *éclatent. Kadidja veut crier, face au public, mais un homme lui met son poing dans la bouche. Elle le gardera jusqu'à la mort de la Petite Communiante. Les Arabes restent immobiles. Un silence. Des faisceaux de drapeaux bleus à fleur de lys d'or montent au sommet des paravents. Un silence encore. Puis en haut du paravent, apparaissent :*

> *un académicien,*
> *un soldat,*
> *une vamp avec son fume-cigarette,*
> *un reporter-photographe,*
> *une veuve (qui est Mme Blankensee),*
> *un juge,*
> *un banquier,*
> *une petite communiante,*

un général.

Tous sont habillés en costume 1840 environ : soldat de Bugeaud, vamp avec une ombrelle de dentelle, banquier à favoris et gibus, etc.

Tous ces gens sont accoudés comme à un parapet, ou regardent au loin. Ils parlent entre eux. Les Arabes se taisent. Les répliques qui suivent vont s'échanger avec une très grande vélocité.

LE REPORTER-PHOTOGRAPHE, *à la Vamp :* En robe du soir, sur les remparts, vous serez merveilleuse !

Avec élégance la Vamp rejette à la fois sa fourrure et sa fumée. Oui, la Vamp 1840 peut fumer, ça ne fait rien.

LA VAMP, *riant :* Croyez-vous qu'il y fasse chaud dans le désert, j'y frissonne ? Mais pas de peur, qu'on se rassure ! *(Elle rit.)* Est-ce que la chaleur c'est vraiment la chaleur ? Qui peut le dire ?

L'ACADÉMICIEN : Sur le livre de l'Histoire posez votre joli doigt, il s'y brûle, car le mot France est écrit en lettres de feu... ou en lettres de glace qui, elle, brûle aussi... ou en lettres d'acide sulfurique qui, lui, brûle aussi...

LA VAMP, *riant :* Mais où sont vos sauvages ? De cette révolte ne voit pas grand-chose ? Les soulèvements...

LE SOLDAT : Dans mon caleçon, mademoiselle...

L'ACADÉMICIEN, *l'interrompant :* Romains. Sans vous pas de routes. Et si pas de routes pas de facteurs. Et si pas de facteurs pas de cartes postales. *(Un temps.)* Et ils continuent à prendre les chemins de traverse.

LE REPORTER-PHOTOGRAPHE : ... rien que le tam-tam bédouin!

L'ACADÉMICIEN, *au Soldat :* Romains. Vous êtes les Romains de cette épopée. *(A la Vamp.)* Ils sont les Romains de notre temps, et pourtant l'Histoire ne raconte jamais le même chapitre. Mon cher général...

LE GÉNÉRAL : On fait ce qu'il faut pour obtenir les ralliements. La masse nous est favorable. L'une en tout cas. L'autre masse est hostile, et nous devons nous garder sur deux fronts.

L'ACADÉMICIEN : Confiance et méfiance sont les deux mamelles de la victoire. *(Au Soldat.)* N'est-ce pas, jeune homme?

LE SOLDAT : Je ne connais que mon chef... *(Un silence.)* Moi, on ne m'aura pas en paroles... *(Un silence.)* Mais mon chef c'est mon chef et je le respecte...

LA VAMP : Pourquoi écrit-on quelquefois... « la révolte gronde... » C'est le silence...

LE SOLDAT, *avec force :* N'empêche que c'est nous la beauté virile. Je l'ai lu. Le désert serait mou sans le rebelle et sans le soldat. Y a quelqu'un pour nous arracher nos masques burinés? Bordel de Dieu! Tout le mal qu'on se donne pour être tendu dans l'action, vers la victoire s'il le faut et la mort si on veut, et dire qu'il y a des masques pas encore burinés!... *(En silence.)* Y a du mou, y a pas à dire, y a encore du mou dans les chairs... *(Un silence, puis décidé.)* Faut de l'os!

LA VAMP, *applaudissant :* Bravosse.

LE BANQUIER : Le désert, ce n'est pas seulement grand : c'est épais.

L'ACADÉMICIEN : Désert! C'est un mot qui va bien!

LE GÉNÉRAL, *le bras tendu* : Pour porter toujours plus au sud nos conquêtes, notre renommée. Et plus au sud encore, nos territoires sahariens : un jour ce sera notre Beauce.

L'ACADÉMICIEN : Et Chartres au loin se détachant. J'en vois briller les verrières. Et des pèlerinages de jeunes musulmans lisant Péguy dans le texte. *(L'œil soudain allumé.)* Ah, général, le musulman de quinze à dix-sept ans!

Il a eu un claquement de langue gourmand.

LE SOLDAT, *regardant le Général dans les yeux* : Méfiance. On commence par goûter au jeune musulman de quinze ans. Trois mois après on le comprend. Ensuite, on épouse ses revendications. Et en fin de compte, on est traître à la race. *(Un silence.)* C'est comme ça que tout aura commencé.

Silence gêné. Puis léger brouhaha. Tout le monde se concerte à voix basse et éclate de rire.

LE REPORTER-PHOTOGRAPHE : Sen-sa-tion-nel! Un cliché sensationnel! Les mouches! Les fameuses mouches d'Orient, énormes, bouleversantes. Autour du cadavre et jusqu'au coin des yeux des gamins. La photo bourdonnait!

LA VAMP : Vous allez me faire vomir.

LE BANQUIER : Ne vous gênez pas, chère amie, dégueulez à votre aise. Ce ne sera pas perdu pour tout le monde.

Éclat de rire du général.

LE SOLDAT : Y a des copains enterrés partout.
Dans le sable, les masques burinés, le regard de
travers et la bouche dans l'autre sens. Dans le
sable !

LE GÉNÉRAL : ... tuyauté.

Un silence.

LA PETITE COMMUNIANTE : Moi aussi, j'ai mon
mot à dire : j'ai gardé un morceau de pain bénit
dans mon aumônière. Je veux l'émietter pour les
oiseaux du désert, les pauvres choux !

*Soudain, parti de la coulisse, un coup de feu
claque. La Petite Communiante tombe à la
renverse. En haut du paravent, tout le monde se
regarde, consterné, puis disparaît. En bas,
l'Arabe retire son poing de la bouche de
Kadidja. Le Chef, vêtu d'or, s'en va, courbé en
deux. Les Arabes sortent, l'air épouvanté, sauf
Kadidja. La scène est donc vide. Obscurité. Un
temps assez long. En haut, sur une plate-forme
apparaît un second paravent, tout doré. Sur
cette estrade, un très grand mannequin —
2 m 50 de haut à peu près — est debout, au
centre de la scène. Il est couvert, de haut en bas,
de décorations de tous ordres. Près de lui, une
lunette d'approche, montée sur un trépied. Une
femme est juchée sur une chaise ou plutôt
grimpée sur une échelle qui s'appuie au mannequin et accroche une décoration à l'épaule du
mannequin. Près de cette chaise se tient un vieux
monsieur — jaquette, pantalon rayé — portant
sur ses deux mains un coussin où sont épinglées*

trente ou quarante médailles de décorations diverses.

L'HOMME TRÈS FRANÇAIS : Et les oreilles?

LA FEMME TRÈS FRANÇAISE, *sèche :* Une fois pour toutes, on n'épingle pas les décorations aux oreilles. Sur les fesses... les manches... les cuisses... le ventre... passe-moi la bleue... non bleu ciel.

L'HOMME TRÈS FRANÇAIS : Grand-Cordon du Saint-Agneau!

LA FEMME TRÈS FRANÇAISE, *épinglant :* Pourquoi pas? Il est à nous. Il a été longtemps réservé aux plénipotentiaires, ensuite on l'a tourné en dérision... plus tard, on devait l'interdire... Il n'en reste plus assez pour qu'on se permette de cracher dessus. Donne la plaque, que je la colle sur la face interne de la cuisse gauche.

L'HOMME TRÈS FRANÇAIS : Là où il aurait pu recevoir une balle.

LA FEMME TRÈS FRANÇAISE, *méprisante :* Une balle! Si seulement il pouvait recevoir ne serait-ce qu'un coup de gourdin! Donne-moi la croix de la Splendeur boréale et du Sacré Nom. Je vais la piquer au-dessus des Palmes académiques *(Elle fait comme elle annonce, puis descendant de la chaise.)* Je te prie de reculer — à petits pas — avec moi, pour admirer.

L'UN ET L'AUTRE, *ensemble, admirent :* Oh!... Oh!... Ah! Ah!... Oh! Oh! Ah! Ah!... Oh! mais c'est sublime...

LA FEMME TRÈS FRANÇAISE, *elle fait quelques pas, hors des décors, et se penche pour appeler, comme si*

elle se penchait à une fenêtre. Monsieur Bonneuil!... Monsieur et Madame Bonneuil!... Ah,
bonjour! Quel temps superbe, n'est-ce pas? Oh!
mais c'est merveilleux! Oh! Ouvrez l'autre côté
de la fenêtre... Oh, splendide! *(A son mari.)*
Georges, viens voir celui de M. et de Mme Bonneuil... *(A la coulisse.)* Vous avez commencé à
quelle heure? Vous vous levez au chant du coq...
Très bonne idée d'en mettre aussi dans les
cheveux...

L'HOMME TRÈS FRANÇAIS, *penché comme sa
femme :* Les deux qui pendent au mollet, au
mollet droit, c'est quoi?... *(Un temps.)* Ah, ah!
Je ne savais pas que votre famille les possédât.
(Un temps.) Vous nous ferez plaisir. On vous
attend.

*Le mari et la femme semblent rentrer chez
eux. Ils placent le mannequin, en le faisant
rouler, au milieu de la pièce.*

LA FEMME TRÈS FRANÇAISE, *appréciant :* Pas
trop de lumières?... Tire un peu les rideaux...
là...

L'HOMME TRÈS FRANÇAIS : Ils en ont un très
beau.

LA FEMME TRÈS FRANÇAISE, *aigre :* S'il ne tenait
qu'à moi, le nôtre serait plus beau.

L'HOMME TRÈS FRANÇAIS : Doucement. Mes
ancêtres, les miens, sont aussi pour quelque
chose dans la récolte. *(Il montre le mannequin.)*
Et sans moi tu n'en aurais que la moitié. J'ai
apporté celle de la famille.

LA FEMME TRÈS FRANÇAISE : Tu as apporté la
moitié de celle de la famille. Ton frère a pris
l'autre.

L'HOMME TRÈS FRANÇAIS : Exact. Mais toi, la moitié seulement de la tienne. Ta sœur et ton beau-frère ont l'autre.

Entrent M. et Mme Bonneuil.

MONSIEUR ET MADAME BONNEUIL, *ensemble :* Oh! mais c'est admirable! *(Ils s'approchent et reculent, à petits pas.)* Mais c'est sublime!

MONSIEUR BONNEUIL, *seul :* Pour les comparaisons, il faut aller chercher loin! La mer? Ouvrir le ventre des océans, en arracher ses poissons, ses coraux? Et encore!

MADAME BONNEUIL : Ou encore se frotter les yeux jusqu'à ce qu'il vienne du sable sous les paupières, et encore!

LA FEMME TRÈS FRANÇAISE : Mais le vôtre!

MADAME BONNEUIL : Ah! le nôtre... c'est le nôtre! *(Pincée.)* Avez-vous vu celui des Trioules?

LA FEMME TRÈS FRANÇAISE : Je l'ai là. Je l'ai dans le champ.

Elle montre la longue-vue.

MONSIEUR BONNEUIL : Et qu'est-ce que ça donne, d'ici?

LA FEMME TRÈS FRANÇAISE, *s'installant à la lunette, braquée coulisse de gauche :* Elle épingle... elle épingle... elle épingle... comme on épluche... comme on épluche... *(A son mari, sans quitter son objectif :)* Georges, verse un peu de café à M. et à Mme Bonneuil. J'ai aussi dans le champ celui des Culjac. J'en vois des fausses. Et même des nœuds papillon. Et vous, vous en prenez beaucoup?

MADAME BONNEUIL : Beaucoup. Mais nous

préférons braquer vers le soir, à cause des effets
du soleil.

MONSIEUR BONNEUIL : Des nœuds papillon!
Pauvre patrie!

On entend une musique très douce. Peut-être
Tannhauser *ou* La Vie en rose, *on voudrait
savoir quoi. Le paravent doré, le mannequin et
les personnages qui étaient sur la deuxième
plate-forme, demeurent. En bas, devant le
rempart, les Arabes sont rentrés. Le Chef, vêtu
d'or et de soie, est courbé. Kadidja est là. Entre
Sir Harold. Il s'appuie sur l'épaule de son fils,
qui a environ seize ou dix-sept ans. Il est triste,
mais résolu. Le Notable s'incline.*

SIR HAROLD : Selon une phrase célèbre et
éternelle : vous êtes des chacals puants.

*Un éclat de rire : et, au sommet des créneaux
apparaissent, moins la Communiante, tous les
personnages de tout à l'heure. Kadidja reprend
le poing de l'Arabe placé à côté d'elle et se le
refourre d'autorité dans la bouche. L'Arabe le
retire.*

KADIDJA, *tremblante :* Laisse ton poing dans
ma gueule ou je vais gueuler.

*Vite, l'Arabe enfonce son poing dans la
bouche de Kadidja.*

SIR HAROLD, *continuant :* ... J'avais travaillé
toute ma vie pour vous léguer, mon fils, ce
domaine. Aujourd'hui tout n'est plus que
cendres... (*Les drapeaux disparaissent du sommet
du paravent, les personnages aussi.*) ... désolation,
silence. Le jour même qu'elle recevait Dieu,

votre sœur est morte, assassinée. Mais vous m'aiderez à reconstruire. *(Tourné vers les Arabes.)* Ne croyez pas que je me laisse abattre. C'était mal connaître qui nous sommes que s'imaginer que nous flancherions devant des lâches dissimulant un lâche. *(Au Chef arabe :)* Qu'as-tu à répondre ? Tu trembles ?

LE CHEF : Yes, Sir Harold, je tremble, au nom de tous.

SIR HAROLD, *à son fils :* Demande-lui qui lui a enseigné le tremblement. *(Le Fils hésite, visiblement.)* Tu n'oses pas, toi, mon fils ?

LE FILS : Oui, qui t'a enseigné le tremblement ?

LE CHEF : La droiture de votre regard et notre nature servile.

SIR HAROLD : Bien. *(Aux Arabes :)* Mais ne craignez rien, je ne vous ferai pas de mal... *(Il regarde autour de lui.)* Mais... Je ne vois pas beaucoup de vos femmes ni de vos enfants... Vous craignez pour elles et pour eux ? Non ? Alors, où sont donc... *(Tous les Arabes, en effet, hommes, femmes, dignitaires, sont sortis à reculons. Sir Harold est seul avec son fils, cependant que la nuit s'est faite, ou presque.)* Toi, mon fils, qu'il s'agisse de protéger des roses ou des orangers, s'il faut nourrir leurs racines de toute la sueur, de la salive et des larmes de milliers d'hommes, n'hésite pas. Un bel arbre vaut mieux qu'un brave homme, et même qu'un bel homme. Tu es armé ? *(Le fils de Sir Harold montre le revolver qu'il vient de sortir.)* Bien. Là-bas, il y aura toujours la France...

KADIDJA, *réapparaissant de la coulisse de droite*

et hurlant : ... et je dis que votre force ne peut rien contre notre haine...

L'Arabe sort de la coulisse précipitamment et remet son poing dans la bouche de Kadidja.

SIR HAROLD, *à Kadidja :* Qu'est-ce que tu veux dire? Il fait nuit...

KADIDJA : ... Cendres, désolation, silence, et ta petite sœur...

Un coup de feu. Elle tombe, soutenue par l'Arabe. C'est le fils de Sir Harold qui a tiré. Calme, il remet son revolver dans sa ceinture. Les deux hommes sortent à reculons. Silence.

L'ARABE, *au public :* Elle est morte.

L'obscurité se fait quelques secondes. Puis la lumière revient mais très faible. Kadidja est seule tenant une bougie allumée debout contre le paravent, à droite.

KADIDJA, *d'une voix sévère :* Je suis morte? C'est vrai. Eh bien, pas encore! Je n'ai pas terminé mon travail, alors, à nous deux, la Mort! Saïd, Leïla, mes bien-aimés! Vous aussi le soir vous vous racontiez le mal de la journée. Vous aviez compris qu'il n'y avait plus d'espoir qu'en lui. Mal, merveilleux mal, toi qui nous restes quand tout a foutu le camp, mal miraculeux tu vas nous aider. Je t'en prie, et je t'en prie debout, mal, viens féconder notre peuple. Et qu'il ne chôme pas! (*Elle appelle, d'une voix autoritaire.*) Kaddour! (*Après trois secondes, apparaît un Arabe. Il s'avance, venant de la coulisse de droite. Il s'approche de Kadidja.*) Pour que le mal l'emporte, qu'est-ce que tu as fait?

Toute la scène qui va suivre se déroulera très vite — paroles et gestes — presque comme une bousculade organisée.

KADDOUR, *d'une voix sourde, mais fière :* Leur gueule est encore chaude — mets ta main dessus — regarde : j'ai ramassé deux revolvers.

KADIDJA, *sèche :* Pose-les là!... Le canon fumant... l'œil féroce et farceur...

Kaddour, très vite, avec un fusain, dessine les revolvers sur le paravent. Puis il se place à gauche de la scène. Les dessins doivent représenter les objets monstrueusement agrandis.

KADIDJA, *elle aura toujours la même voix sévère :* M'Barek! (Entre M'Barek.) Tu as fait?

M'BAREK : Sur le coup de midi éventré trois de leurs vaches. Et pleines. Voici les cornes.

KADIDJA : Et faites tout en silence, on nous écoute. Lahoussine!

Comme les précédents, entre Lahoussine, à droite. A partir de la réplique suivante, on ne parlera plus que sur un ton violent, mais assourdi.

LAHOUSSINE : Sous les orangers, violé une de leurs filles, je t'apporte la tache de sang.

Il dessine en rouge la tache sur le paravent et sort. Maintenant, les Arabes entrent à un rythme plus rapide. Ils attendent à droite, pressés d'entrer.

KADIDJA, *sévère :* Ça, c'est ta jouissance et la sienne. Mais le crime qui nous sert.

LAHOUSSINE, *fort :* Celui qui après moi la baisera ne verra jamais ses yeux quand elle

Très rapide.

regardait par en dessous la couleur des oranges dans le ciel.

KADIDJA, *riant :* Boutonne ta braguette, gamin. *(Elle appelle.)* Naceur !

NACEUR : J'ai gueulé mort aux salauds, et mon cri a fait vibrer les toiles tendues d'un bout à l'autre de l'horizon. Et voici mon cri.

Il dessine une bouche qui hurle, d'où sort un éclair, et va à gauche.

KADIDJA : M'Hamed !

Très vite.

M'HAMED : J'ai arraché le cœur...

KADIDJA : Pose ! *(Il dessine le cœur et sort.)* M'Hamed ! *(Rentre M'Hamed.)* Ce cœur, il a l'air vieux.

M'HAMED, *s'approchant du paravent et dessinant quelques volutes au-dessus du cœur :* Il fume encore, Kadidja.

KADIDJA : Merci, mon fils. *(Elle appelle.)* Larbi !

LARBI : Ouvert une panse pour trouver les tripes... Elles sont chaudes.

Il dessine des tripes, fumantes aussi.

KADIDJA, *elle fait la moue :* Pas belles à sentir.

LARBI, *vexé :* Ou je les laisse là, ou je vais les recoudre sous la peau du ventre.

KADIDJA : Laisse. *(Elle appelle, impérative.)* Mustapha !

Larbi quitte la scène.

MUSTAPHA, *s'avançant :* Des yeux bleus à des demoiselles...

Il dessine un chapelet de six yeux bleus.

KADIDJA : Ali! *(Ali entre en silence et dessine une tête hideuse, très française, normande, sectionnée avec un képi de capitaine. Il sort.)* Kader! *(Kader entre et dessine deux mains coupées. Il sort.)* Kouider!

Entre Kouider.

KOUIDER : J'ai eu peur. Je me suis sauvé.

KADIDJA, *avec force :* Merci mon fils. Dessine ta frousse! *(Il dessine deux jambes qui semblent courir.)* Et s'il te coulait un peu de chiasse sur tes mollets, ne l'oublie pas. *(Elle appelle.)* Ameur!

Entre Ameur.

AMEUR : Dévalisé une banque.

KADIDJA : Verse le pognon. *(Ameur dessine une liasse de billets et va se placer à gauche, avec les autres.)* Attrache! *(Entre Attrache.)* Tu as fait?

ATTRACHE : Dynamité des citronniers.

KADIDJA : Pose. *(Il dessine une branche de citronnier et va se placer à gauche.)* Azouz! *(Entre Azouz.)* Tu as fait?

AZOUZ : Le soleil — le soleil ou le casque d'un pompier qu'il faut éteindre? — le soleil qui allait se coucher avait trop d'éclat, son ombre m'aveuglait, j'étais triste...

KADIDJA, *souriante mais un peu fatiguée :* Vas-y. Mais presse un peu ta musique... Je suis morte mais encore debout et ça fatigue.

AZOUZ : ... et je ne savais pas que la fumée serait si lourde...

KADIDJA, *impérieuse :* Montre la braise. Ou la cendre. Ou les flammes. Ou la fumée, qu'elle m'entre par le nez, remplisse mes bronches. Et

Très vite.

Tout se ralentit.

fais-moi entendre le crépitement du feu. *(Il
dessine une maison en flammes, simule le bruit du
feu qui crépite et va se placer à gauche.)* Abdesselem! *(Entre Abdesselem.)* Tu as fait?

ABDESSELEM : Coupé des pieds!

KADIDJA, *encore plus fatiguée :* Pose les arpions!
(Il dessine quatre pieds très vite.) Et l'odeur? Fais
voir l'odeur... *(Il dessine au-dessus quelques
volutes de fumée.)* Elle est forte. *(Elle crie à la
coulisse.)* Et vous autres, allez-y! Venez! Entrez.
Pressez-vous. Et que chacun sache ce que font
les autres. Et mettez-y de la couleur! *(Les
Arabes se pressent, et tous ensemble dessinent sur le
paravent une tête, des mains, des fusils, quelques
taches de sang... Le paravent est couvert de dessins
coloriés.)* Et n'ayez pas honte, mes fils! Méritez
le mépris du monde. Égorgez, mes fils...

> *Ils continuent de dessiner en silence.*

UN ARABE : Il n'y a plus de place.

KADIDJA, *criant :* Qu'on sorte un nouveau
rempart!

> *De la coulisse de gauche, dans le fond, sort un
> paravent semblable au premier, crénelé et coiffé
> de drapeaux, mais ce second paravent sera plus
> grand et dépassera celui qui est déjà sur la scène.
> Tous les Arabes se précipitent (mais d'une façon
> très bien ordonnée) pour le couvrir de dessins.
> Tandis qu'en haut, toujours en silence, les deux
> vieux épinglent des décorations sur le mannequin.*

KADIDJA, *appelant :* Lassen! *(Entre Lassen venant de la coulisse de droite. C'est un vieillard.)*
Qu'est-ce que tu as fait?

LASSEN : A mon âge... j'ai prié...

(margin, rotated) Tout se ralentit.

KADIDJA : Merci, père. Mets Dieu dans le coup. Qu'il commette ses crimes à droite, à gauche, qu'il tue, qu'il pulvérise, qu'il détruise. *(A Lassen :)* Va. Écris ta prière sur le mur. *(Tournée vers la coulisse :)* Eh bien, vous ne foutez rien? Quoi, plus rien? Si vous ne trouvez plus de crimes, volez des crimes au ciel, il en déborde! Décrochez les meurtres des Dieux, leurs viols, leurs incendies, leurs incestes, leurs mensonges, leurs tueries! Décrochez et apportez-les! Là *(Elle désigne le mur presque entièrement couvert de dessins monstrueux. Tournée vers la coulisse.)* Les femmes, qu'elles accouchent de monstres!

> *La musique se tait.*
> *Doucement les dix ou quinze Arabes qui étaient entrés s'en vont. Kadidja les regarde sortir. Puis, de la coulisse de gauche, paraît le Cadi.*

KADIDJA, *au Cadi :* Tu viens bien tard... Qu'est-ce que tu foutais?

LE CADI, *ironique :* Soit que je dorme, soit que je vagabonde... si tu veux, je me métamorphose...

KADIDJA, *désignant le paravent :* Pose ta métamorphose.

LE CADI : Il n'y a plus de place...

> *Kadidja hausse les épaules. Le Cadi sort à droite, par où il était entré.*

KADIDJA, *pour elle-même :* C'est vrai qu'il n'y a plus de place. *(Un troisième paravent couvert de dessins vient d'entrer de la coulisse de gauche. Il est plus élevé que le second, et placé derrière lui, il le*

dépasse. Entre la Mère. Elle sourit. A la Mère :)
Tiens, tu reviens? Il y a longtemps qu'on vous
avait oubliés. *(Elle est de plus en plus lasse.)*

LA MÈRE, *haussant les épaules :* Et toi, tu es là!
C'est écrit que je dois passer mes nuits en tête à
tête avec les morts. Toi aussi, il n'y a pas
longtemps que tu es morte. Tu restes encore
toute fraîche dans l'indignation : ton sang n'a
pas fini de couler.

KADIDJA : Qu'est-ce que tu faisais?

La vieille Ommou vient d'entrer.

OMMOU : Pendant que les hommes empilaient
les têtes, les cœurs et les mains coupées, elle
faisait le guet, Leïla volait nos robes et nos
moulins à café, et Saïd l'aidait.

*La Mère sourit. Tous les Arabes ont un
mouvement de colère contre elle, mais Kadidja
les arrête.*

KADIDJA : Continue et fais bien ce que tu dois
faire.

LA MÈRE : Les conseils, je les donne, je ne les
reçois pas. Ma graine, je la sème comme je veux.

KADIDJA : Je sais que tu es à tu et à toi avec ce
qui n'a plus de nom sur terre, mais moi tu dois...

LA MÈRE, *l'interrompant et quittant la scène :*
Cette comédie-là, je l'ai jouée avant mon tour.

Les Arabes chassent la Mère, méchamment.

KADIDJA, *un instant déconcertée, aux Arabes qui
demeurent :* Et vous, c'est tout ce que vous
m'apportez? Alors, foutez le camp. Et elle, ne la
laissez plus revenir au village. Qu'elle dévaste!
Qu'elle dévaste! *(Les Arabes sortent. Un temps
assez long. Kadidja est seule. Puis, des femmes,*

cinq ou six, entrent en silence.) **Approchez!** *(C'est Ommou qui montre le plus d'autorité.)* Vous avez ce qu'il faut?

> *On entend dans le lointain la voix de Mme Bonneuil.*

MADAME BONNEUIL : Et l'ordre du Grand Épileptique, ils l'ont?

LA FEMME TRÈS FRANÇAISE : Ils l'ont. Et le cordon « Dieu par la bande »...

MADAME BONNEUIL : Ils l'ont...

HABIBA : J'ai une éponge et du vinaigre.

LALLA : Où tu vas? Pas mourir tout à fait?

KADIDJA : Mourir. M'endormir comme après un bon repas, pour le roter toute ma mort. Vous y êtes?

OMMOU : J'ai les serviettes-éponges. Et ma douceur pour fermer tes yeux.

KADIDJA : C'est de la force qu'il faudra à ton poignet. Couchez-moi et lavez-moi bien. Sans bavardages idiots. Non, ne chassez pas les mouches. Je les connais déjà par leurs noms! *(Les femmes commencent déjà à ensevelir Kadidja.)* N'oubliez pas de me poser la mentonnière, de bourrer du coton dans mes oreilles, dans mes trous de nez et dans le trou de mon cul. Depuis trois minutes déjà, je suis chez les morts et je vais voir comment je peux continuer à vous aider... parce que j'emporte là-bas des tonnes de haine... Lavez bien mes pieds, surtout, ça sera la deuxième fois en trois ans...

> *Quand on lui ferme les yeux, elle est face au public, soutenue par les femmes, la tête appuyée au premier paravent.*

Commentaires du douzième tableau

Comme je l'ai déjà dit, les personnages européens, les Figures Ridicules, ceux qui épinglent, M. et Mme Bonneuil seront d'une taille excessive.

Le mannequin sur lequel on épingle doit être comme un poteau totem : un peu terrifiant. Les décorations seront très visibles.

Pour le tremblement : tous les Arabes doivent trembler ensemble, de la tête aux pieds. Ce sera très difficile à réaliser puisque les acteurs ne savent encore rien foutre. Si l'on monte cette pièce, il est indispensable de créer une école du tremblement.

Quand Kadidja morte fait dessiner sur les paravents, les Arabes doivent, en quelque sorte, précéder l'ordre donné. Ils seront très agiles. Ils se feront la courte échelle pour dessiner au sommet des paravents.

A partir de l'appel : *M'Hamed!* une musique très légère, et très allègre, accompagnera les dessinateurs-acteurs.

Ommou est une très vieille femme arabe, très

ridée. Elle tient un bâton. C'est elle qui prendra la relève de Kadidja.

Les costumes des Français qui épinglent seront très raffinés. Culottes et bas de soie pour les hommes, robes longues, couleur pastel, pour les femmes.

Quant aux figures, elles aussi chacune sur un socle, elles auront un maquillage multicolore, et porteront des costumes qui, au premier regard, révéleront qui elles sont.

TREIZIÈME TABLEAU

Le décor est constitué de cette façon : au premier plan et un peu à droite, un paravent à cinq branches. Il représente un champ, puis un cactus peint en vert. Au pied, une borne réelle sur laquelle on ne peut rien lire. Derrière, et assez surélevée pour que le personnage qui y passera puisse n'être pas masqué par le premier paravent, une estrade où, un peu à gauche, et en retrait, avancera, quand je l'indiquerai, un second paravent.

Au-dessus de cette première estrade, s'en trouvera une seconde — ce qui fait que nous aurons trois plans — où glissera, quand je le dirai, un paravent venant de la coulisse de droite.

Saïd et Leïla marchent sur la route, ils viennent de la coulisse de gauche et paraissent exténués. Soudain, à droite, apparaît le Gendarme.

Son uniforme est boueux et tout déchiré. En le voyant, Saïd et Leïla, peureusement, se cachent derrière le paravent. Sa femme, devant lui, pousse une voiture d'enfant encombrée de valises multicolores dont la pile est surmontée par la valise de carton bouilli rouge que portait la Mère au premier

*tableau. Lui, avec une trique, il conduit sa femme.
Très vite, ils décrivent donc un demi-cercle, entrant
à droite pour sortir à gauche. La femme a des
vêtements bleu sombre en loques, ses bas tombent sur
ses talons et montrent des mollets pâles.*

LE GENDARME : Trotte! *(Il la frappe, elle
trotte.)* Mes années de service au-delà des mers
m'ont appris à faire trotter les femmes. Mes
déguisements en moukère au carnaval et mes
années de service m'ont fait connaître la femme!

Il ricane.

LA GENDARME : C'est grâce à la trouille que tu
peux mieux me comprendre.

LE GENDARME : La trouille aussi a du bon. Et
comme je l'ai de plus en plus, mon intelligence
de plus en plus s'aiguise. *(Brutal.)* Évite le
cactus! *(Il baisse la voix.)* Et trotte plus vite et
plus doucement. *(Docte.)* Les chevaux des
corbillards connaissent le trot. Roule les valoches
comme si tu roulais notre enfant mort.

LA GENDARME, *d'une voix douce, et se retournant :* Tu veux que je leur chante la berceuse
des yeux clos?

LE GENDARME : Quand la nuit sera venue. *(Il
tend la main.)* Elle commence déjà à s'égoutter...
Il faut fuir...

*La valise rouge tombe et s'ouvre : elle est
vide. Le Gendarme se précipite pour la ramasser, puis ils disparaissent à gauche, toujours au
trot. Saïd et Leïla sortent de derrière le
paravent.*

SAÏD : C'est ton gendarme. *(Il se retourne pour regarder Leïla.)* Tu boites? Comme sa femme? Il ne te manque plus grand-chose : moche, idiote, voleuse, mendiante et maintenant bancale.

LEÏLA : Je peux marcher droit, si je veux.

Elle marche droit pendant quelques pas.

SAÏD, *précipitamment :* Quelle gueule je ferais si tout d'un coup tu n'avais plus ta dégaine de pied-bot!

La marche reprend. Après un silence.

LEÏLA : Je suis fatiguée par la marche, le soleil, la poussière. Je ne sens plus mes jambes : elles sont devenues la route elle-même. A cause du soleil, le ciel est en zinc, la terre en zinc. La poussière de la route, c'est la tristesse de ma gueule qui retombe sur mes pieds. Où nous allons, Saïd, où nous allons?

SAÏD, *se retournant et la regardant bien dans les yeux :* Où je vais?

LEÏLA : Où nous allons, Saïd?

SAÏD : Où je vais, moi et moi tout seul, puisque tu n'es rien que mon malheur. A moins qu'en parlant de moi et de mon malheur, je dise nous. Eh bien, je vais et ça doit être loin, au pays du monstre. Que ça se trouve sous nos pieds, juste en dessous, où il n'y aura jamais de soleil, puisque je te porte et je te traîne t'es mon ombre.

LEÏLA : Tu peux te séparer de ton ombre.

SAÏD : J'y ai pensé autrefois. Trop tard! Même morte, elle aura été ma misère, ma bancale.

LEÏLA : Je suis bancale parce que je t'ai suivi.

SAÏD : Fallait rester.

LEÏLA : A côté de toi ou loin, j'étais toujours la femme d'un voleur et d'un homme qui met le feu, né dans une poubelle où il m'a fait vivre, où je vais crever.

SAÏD : Si tu te colles à moi comme un morpion à une couille, comme la forme ronde colle à l'orange, il me reste à chercher le pays où vit le monstre.

LEÏLA : La prison ne te suffisait pas ?

SAÏD : La prison, c'est le début. Bientôt, il n'y aura plus que des silex pour dormir et des chardons pour manger. Tu les mangeras ?

LEÏLA : Les chardons ?

SAÏD : Les silex.

LEÏLA : Je ferai comme toi. *(Un silence.)* Saïd ?

Il ne répond pas.

LEÏLA, *regardant autour d'elle :* Il n'y a vraiment personne. Pas une bête. Rien. Tellement je ne vois plus rien que même les pierres ne sont plus que des pierres. Et toute l'Europe n'est plus rien. Ça fout le camp, ça fout le camp, elle vers la mer, nous vers le sable.

SAÏD : Tu n'as plus rien à craindre.

LEÏLA : Si. *(Un temps.)* Un bout de miroir.

Épuisée, Leïla s'arrête. Elle sort un peigne et veut se peigner.

SAÏD, *en colère :* N'y touche pas ! *(Il arrache le peigne des mains de Leïla et le casse.)* Je veux que le soleil, que l'alfa, que les pierres, que le sable, que le vent, que la trace de nos pieds se retournent pour voir passer la femme la plus laide du monde et la moins chère : ma femme.

Et je ne veux plus que tu torches tes yeux, ni ta bave, ni que tu te mouches, ni que tu te laves.

LEÏLA : Je t'obéirai. *(Soudain sévère.)* **Mais moi, je veux** — c'est ma laideur gagnée heure par heure, qui parle, ou qui parle? — que tu cesses de regarder en arrière. Je veux que tu me conduises sans broncher au pays de l'ombre et du monstre. Je veux que tu t'enfonces dans le chagrin sans retour. Je veux — c'est ma laideur gagnée minute par minute qui parle — que tu sois sans espoir. Je veux que tu choisisses le mal et toujours le mal. Je veux que tu ne connaisses que la haine et jamais l'amour. Je veux — c'est ma laideur gagnée seconde par seconde qui parle — que tu refuses l'éclat de la nuit, la douceur du silex, et le miel des chardons. Je sais où nous allons, Saïd, et pourquoi nous y allons. Ce n'est pas pour aller quelque part, mais afin que ceux qui nous y envoient restent tranquilles sur un rivage tranquille. *(Un long silence. Saïd défait son soulier et vide une pierre qui le gênait. Puis il le remet. D'une voix douce :)* C'est pas toi qui as mis le feu aux orangers?

SAÏD, *après une courte hésitation :* Non. Mais toi en partant tu as mis le feu à la paille?

LEÏLA : Oui.

SAÏD : Pourquoi?

LEÏLA, *éclatant de rire :* Non, non, ce n'est pas parce que je t'aime. J'aime le feu. *(Silence.)* Saïd?... Tu as vraiment pris la décision d'aller jusqu'au bout?

SAÏD : Si je réussis, plus tard on pourra dire — et de n'importe qui, je le déclare sans me vanter — : « A côté de Saïd, c'est du nougat! » Je

te le dis, je suis en train de devenir quelqu'un.
Tu viens?

> *Ils se remettent en marche, puis Leïla s'arrête.*

LEÏLA : J'ai besoin, Saïd.

SAÏD, *froidement :* Vas-y, y a des orties.

LEÏLA : Il y a longtemps que je me suis
arrangée avec elles. On est de la même race. Je
pose mon cul paisiblement dans leur bouquet,
elles ne me font pas de cloques. *(Triste.)* Il y a
elles, et puis plus rien... *(Faisant le geste
d'accrocher quelque chose d'invisible à un clou
invisible.)* Ici, j'accroche... ma dignité. Ici..., ma
tristesse. Ici..., ma gravité. Ici..., les tisanes :
camomille, tilleul... Ici..., ma douceur. Ici... *(Un
soupir.)* Qu'est-ce qui va me rester? *(Un
silence.)* Les orangers sont des arbres qui
flambent. C'est joli, une allumette qui a servi.
C'est seulement à ce moment-là, quand elle est
blanche et noire et un peu tordue par le feu
qu'elle a l'air tendre et bon. *(Elle refait le geste
d'accrocher quelque chose à un clou invisible.)* Ici,
j'accroche... ma cagoule. Ici... *(Un soupir.)* Et
qu'est-ce qui va me rester? Un sourire.

SAÏD, *soudain claquant des doigts :* Attention! Il
y a quelqu'un qui vient. Ne dis rien, même pas
bonjour.

> *De la coulisse de gauche, arrivent le fils de
> Sir Harold et la Vamp vêtue de noir, comme
> une Vénitienne, avec un chapeau triangulaire et
> un voile qui passe sur son visage comme une
> écharpe. Robe longue, et tenant ouverte une
> petite ombrelle de dentelle noire, mais toutes ces*

toilettes sont en loques. La Vamp et le fils
semblent crever de fatigue.

LA VAMP : Comme si j'étais une moins que rien...
vous me parlez comme si j'étais une traînée...
autrefois...

LE FILS : Moi, ce qu'il me faut, c'est du
tangible. Je n'aurai de repos que ne soient
rétablis sur cette terre notre ordre et notre paix,
mais pour le moment qu'on se magne un peu le
pot. *(Soudain.)* Faire gâfe, Madame, y a du
buisson qui bouge...

LA VAMP : Avec vous je ne crains rien.

LE FILS, *regardant Saïd et Leïla :* Ils ont l'air
encore plus mal en point que nous... On peut
peut-être les avoir à l'estom...

LA VAMP : Il fait bien chaud.

LE FILS, *à Saïd :* Tu as entendu? Fais de
l'ombre à Madame, allons, vite...

Saïd donne un coup de pied à Leïla qui
s'approche du paravent et, très lentement, avec
application, elle dessine avec de la craie verte un
magnifique palmier.

LA VAMP, *admirative :* Oh! Palmes!

LE FILS, *à Leïla :* Fais un peu de vent à
Madame...

Leïla simule avec sa bouche le bruit du vent
dans les branches et avec sa robe le courant
d'air.

LA VAMP, *suave :* Merci. Je vous l'avais bien
dit : dans le tas il y en a d'adorables, et tout n'est
pas pourri. Ceux-là, par exemple *(Elle montre*
Saïd et Leïla.), ils sont sans doute de nos fidèles.

LE FILS : Tout ça est à descendre. Fidèles, oui,
ça en a l'air, si on s'en tient à leurs guenilles,
mais dessous?... Dessous, qu'est-ce qu'il y a?...
Même moi je n'ose pas y aller voir. Une grappe
de grenades... un nid de mitrailleuses... un foyer
d'infection...

LA VAMP, *chichiteuse :* Avec un peu de bonté...
non, non, croyez-moi, il ne faudrait pas grand-
chose...

LE FILS : La bonté, ils s'en foutent. Ils font
encore de l'ombre, oui, quand on les y oblige,
mais ce n'est plus l'ombre d'autrefois.

LA VAMP, *se relevant :* C'est vrai que celle-ci
est inquiétante.

LE FILS : Vous vous êtes un peu reposée?...
Vous savez que je vous aime, et que vous êtes
tout pour moi...

LA VAMP, *l'interrompant avec un doux sourire :*
C'est ainsi que doit parler dans notre monde un
jeune homme quand il bande pour moi. Mais si
nous reprenons la route, sur la caillasse, sous le
soleil, dans nos défroques, et sous le regard
ébahi de ça *(Elle montre Saïd et Leïla.),* il nous
faudra aussi reprendre cet affreux langage...

LE FILS : Ça me fait chier aussi, mais si on veut
se sauver vite, il faut que les mots aient la
trouille, eux tout comme nous. En route.

LA VAMP, *se dirigeant à droite :* Dire que les
calèches les mieux capitonnées étaient encore
trop dures à mon cul...

LE FILS : Avant d'apercevoir la mer bleu ciel
faudra vous faire à pas mal de misères...

*Ils sortent à droite. Leïla, qui était restée
immobile, sous le soleil, essaie de se relever.*

SAÏD : Voici la nuit.

LEÏLA : Déjà?

SAÏD : Regarde. Et comme elle est sûre d'elle !...

Il lui montre le second paravent, tout noir, qui glisse doucement sur l'estrade, derrière le premier paravent. A l'avant-scène l'obscurité se fait doucement. On entend, en coulisse, de nombreux aboiements : ils sont imités par la Mère.

SAÏD, *à Leïla :* Mets ta tête contre la borne, et tâche de dormir.

Il s'endort, accroupi au pied du paravent. On entend encore les aboiements. C'est alors que, sortant de la coulisse de gauche et marchant sur l'estrade, paraît la Mère.

Elle semble appeler quelque chose d'invisible. Puis elle court après.

Sur le paravent noir, elle dessine un croissant de lune, avec de la craie jaune, puis elle s'approche un peu du public.

LA MÈRE, *à la lune :* Je suis le Rire. Salut ! Mais pas n'importe lequel : celui qui apparaît quand tout va mal. (*Elle regarde le public.*)... C'est la nuit pleine d'orties. (*Un temps.*) Orties ! (*Soudain lyrique.*) A travers les Mortemarts, Joyeuse, La Tour d'Auvergne, remontez jusqu'à la Fée et jusqu'à la Vierge, moi je sais depuis mon enfance que j'appartiens — par les filles peut-être, et Saïd par moi — à la famille des Orties. Près des ruines, mêlés aux tessons, leurs buissons étaient ma cruauté, ma méchanceté hypocrite que je gardais, une main derrière mon

dos pour blesser le monde. Apprivoisées elles
retenaient leur venin, elles rentraient leurs
aiguilles. Dans leurs feuilles je trempais mes
mains délicates : la ciguë ne m'aurait pas glacé
les veines. Ce qui est méchant dans le monde
végétal m'était gagné. Passant au-dessus et
parmi les orties, le vent s'irritait la peau, moi
pas. Mais l'ortie blanche ? Ah ! Non seulement
elle était inoffensive, mais ses fleurs blanches
étaient bonnes et j'en faisais de la soupe. *(Elle
marche un instant en silence, puis elle disparaît. La
lune aussi disparaît. On entend plusieurs aboiements. Enfin la Mère reparaît, avec elle le
croissant de lune, mais tourné dans l'autre sens.
Soudain sévère.)* Ainsi, ma belle Kadidja, tu es
morte ! crevée ! Héroïquement crevée. Et si je
voulais te parler il me faudrait encore utiliser la
vieille bouche des morts ? mais... tu es morte en
faisant quoi ? En excitant les hommes et même
les femmes à aller jusqu'au bout ? Ils iront
jusqu'au bout de ce qu'ils font, et de ce qu'ils
sont devenus ! *(Elle rit.)* On voit le chemin !
Vous croyez m'avoir parce que vous avez mis le
feu à mon taudis, ma poubelle. Je suis plus forte
que vous ne pensez. J'aurais la force, moi avec
mes deux avant-bras de lutteur, de couper en
deux la mer Rouge et d'arranger un chemin pour
le Pharaon ! *(Un temps.)* Saïd ? Leïla, est-ce
qu'ils se sont endormis sur la route ? *(Un temps.)*
Le père de Saïd aurait pu être coiffeur... avec
son peigne et sa tondeuse, il était beau ! Si beau
qu'il était presque blond. *(Un temps.)* Beauté !
Beauté qui ne savais que devenir, ni comment
apparaître, le père de Saïd aura permis que ce

soit toi qui tondes les gamins et qui tailles la barbouse des grands-pères. Pendant vingt ans si tu es restée sur terre, ô beauté, c'est parce que mon homme l'a bien voulu. *(Un silence très long, pendant lequel elle se gratte les cuisses. Soudain, une rafale de mitrailleuse.)* Pour réussir Saïd, il nous a fallu en essayer trois. Loupés tous les trois. Morts. Morts à six mois, un an et trois mois. *(Soudain, elle paraît inquiète.)* Quoi? Qu'est-ce que c'est? Une course qui se tasse en forme de lapin, un vol en forme de chauve-souris... *(Affolée.)* Saïd! Saïd! Où es-tu? Qu'est-ce que tu fais? Qu'est-ce que tu dis?... Tu t'essouffles... Reviens... *(Un temps.)* Non, va plus loin, Saïd. Démolis-toi et démolis ta femme, mais continue... *(Elle semble se calmer, elle respire lentement.)* La nuit, les arbres respirent, les fleurs sont plus belles, les couleurs plus chaudes et le village dort. *(Elle rit.)* Qu'est-ce qu'il fait? Il se mélange dans sa fraternité. *(Elle rit.)* En ronflant, chacun prépare le cauchemar où il va s'enfoncer dès le réveil. *(Un temps.)*... Oui, le père de Saïd était coiffeur, à tant la coupe, à tant la friction de Forville. Il aurait pu être goumier ou légionnaire, tellement il était beau! Ah! si la chienne qui vit dans mon ventre avait pu aller rôder la nuit, dans les cours et sur les routes!...

Elle se remet en route, lentement et disparaît dans la coulisse de gauche. Nouvelle rafale de mitrailleuse. Un rayon de lumière se pose sur le visage de Leïla. C'est Saïd qui l'examine avec une lampe électrique de poche.

SAÏD : Il est arrivé?

LEÏLA : Il approche.

SAÏD : Déjà! *(Un temps.)* Demande-lui... *(Il hésite.)* demande-lui ce que je peux dire, ce que je peux vendre, pour être tout à fait dégueulasse.

LEÏLA, *d'une voix étranglée :* A mon dragon!

SAÏD, *humble :* Oui.

LEÏLA, *après une hésitation :* Alors, laisse-moi me rendormir. Et demain tu sauras ce qu'il m'a dit.

Saïd éteint sa lampe et se rendort. Venant de la coulisse de droite, en marchant avec beaucoup de prudence, apparaissent en loques le Banquier et Sir Harold. Manifestement ils sont ivres. Pour passer devant Leïla et Saïd endormis, ils se déchaussent, puis ils disparaissent à gauche. C'est alors que tout en haut, sur la troisième estrade, venant de la coulisse de droite, apparaît le troisième paravent. Il représentera une contrée montagneuse. Quatre légionnaires viennent d'entrer. L'un, Helmut, nettoie son fusil, Pierre cire un soulier, Felton boit à un quart.

Tout cela sans aucun bruit. Les gestes font supposer qu'il fait nuit. Ils parleront d'une voix étouffée.

PIERRE, *crachant sur son soulier et frottant :* Laisse, on a compris : en loucedoc, en sourdine et pour tout dire à l'hypocrite, voilà comment ils agissent. Ils nous arrivent dans le dos et voilés. Leur coup fait, la métamorphose les happe. C'est un arbre, une aubergine, je ne sais pas. Quoi faire? La cueillir et l'écraser? C'est cueillir et écraser une aubergine. Le rebelle s'en est tiré.

MORALÈS, *se relevant :* Sans compter que leurs femmes...

FELTON, *riant sans bruit :* Et qu'ils sentent !

PIERRE : Pourris de l'intérieur. Secs en dehors ; dans le bide, des marécages. Ce qui sort de leurs gueules : la malaria. Alors, pourquoi se gêner ? Au saccage, tous, tant qu'il en reste.

Il ouvre son col.

MORALÈS : Il est quelle heure ?

HELMUT, *regardant sa montre-bracelet :* Vingt-trois heures huit.

Moralès dessine une lune à l'horizon sur le paravent, puis il s'assied par terre pour lacer ses souliers.

MORALÈS : J'ai les pinceaux en fleurs.

HELMUT : Balayures, c'est des balayures, garde-à-vous !

Tous les quatre se fixent au garde-à-vous. Venant de droite entre le Lieutenant. Il regarde les soldats tour à tour et longuement. De sa badine, il touche le col ouvert de Pierre.

LE LIEUTENANT : Fermez !... Bien... non, fermez mieux... la cravate... faites le nœud correctement. Ou d'ici peu vous aurez le ventre pâle des alligators. Non, je n'écoutais pas, mais un chef connaît — digne de ce nom — les pensées intimes de ses... pas de miroirs ? Il en faut toujours un : soit les yeux de votre camarade, soit... regardez-vous là-dedans. (*Indiquant sa propre cravate, il se plante en face de Pierre qui noue la sienne en faisant semblant de se regarder dans une glace.*) Parfait. Dommage que je doive vous rappeler à l'ordre. Je sais bien qu'en pleine nuit ce n'est pas facile, mais même la nuit vous devez briller. Reluire. *(Il regarde autour de lui.)* Pas de sergent?

PIERRE : Il dort, mon lieutenant.

LE LIEUTENANT, *sec :* Huit. Pour avoir dénoncé un de vos chefs. Il demeure dans l'armée une tradition chevaleresque, et c'est à vous de la perpétuer. Et qu'elle rayonne, bordel de Dieu! Huit. Pas huit de cœur, n'est-ce pas? Si personne n'avait répondu chacun avait huit de prison pour refus d'obéissance. Motif moins vil que délation. *(Aux autres :)* Son ignominie vous sauve et vous éclabousse. *(A Pierre :)* Français?

PIERRE : Mon lieutenant?

LE LIEUTENANT : Je demande si vous êtes arabe?

PIERRE : Moi? De Boulogne, mon lieutenant.

LE LIEUTENANT : L'Orient déteint sur vous et y dépose ses tons pastel, n'est-ce pas, ses demi-teintes? Nous représentons une France nette, précise. *(Un temps.)* Et propre. Je dis, propre. Vous... *(Il désigne Moralès.)*... la barbe?

MORALÈS : Plus d'eau, mon lieutenant.

LE LIEUTENANT : Pour vous rincer la bouche ou arroser les géraniums, peut-être, pour vous raser il en restera toujours. Crachez sur le blaireau, mais je vous veux lisses. Poncés. *(A Moralès.)* Arabe?

MORALÈS : Moi?

LE LIEUTENANT : Rasez-vous. *(Le Lieutenant se tourne vers Pierre :)* Je retire vos huit jours de prison. L'attaque ayant lieu cette nuit...

*Entre le Sergent. Il bâillait mais il se ressaisit
en voyant l'officier.*

LE SERGENT : Excusez-moi, mon lieutenant.

LE LIEUTENANT, *comme avec crainte :* Dormez,
mais soignez votre tenue. *(Le Sergent arrange ses
cheveux avec sa main et agrafe son ceinturon.)* Je
disais... *(Il se tourne vers Pierre.)* D'ailleurs, je
vous reconnais, toujours à la traîne *(Au fur et à
mesure qu'il parle il semble moins sûr de lui. Il
regarde à la dérobée le sergent qui a toujours l'œil
rigolard.),* vous serez soit le dernier survivant
qui arrive, comme en balade, ramasser la gloire,
soit le premier descendu par une fillette et dans
deux heures, pas plus tard, couché sur le gravier,
vous exposerez au ciel votre ultime mutilation.
J'ai soif, qu'on m'apporte à boire. *(Pierre sort.
S'adressant à tout le monde :)* C'est pour bientôt.
*(Il dessine sur le paravent un paysage montagneux
et commente :)* Nous sommes ici... passé le grand
Cèdre... *(Il le dessine.)* à droite, une partie de la
colonne marchera sur le village... *(Il le dessine.)*
le contournera, se déploiera en éventail, pour
gagner la crête de la colline... *(Il la dessine.)* où
elle doit arriver à la même minute que l'aurore.
La France nous regarde. Elle nous envoie
mourir... *(A Felton :)* Peignez vos cheveux.
*(Felton sort un peigne de sa poche revolver et se
peigne.)* Il ne s'agit pas de revenir vainqueurs. A
quoi bon? *(Pendant qu'il parle, tout le monde
s'active, de sorte que le Lieutenant semble parler
dans le vide, le regard fixe. Pierre noue ses lacets.
Moralès se rase, Felton se peigne, Helmut nettoie
sa baïonnette, le Sergent se lime les ongles.)*... La
France a déjà vaincu, c'est-à-dire qu'elle a

proposé une image ineffaçable. Donc, pas
vaincre, mais mourir. Ou mourir à demi, c'est-
à-dire rentrer éclopés, pattes en moins, reins
perdus, couilles arrachées, nez mangés, faces
rôties... c'est aussi très bien. Douloureux, mais
très bien. Ainsi dans l'image de ses guerriers qui
pourrissent, la France pourra se regarder pourrir... Mais vaincre?... Et vaincre quoi? Ou qui?
Vous les avez vus se traîner dans la boue, vivre
d'épluchures... vaincre ça! *(Haussant les épaules
et faisant, avec les mains, paumes ouvertes, un geste
de marchand levantin.)* C'est bon pour eux, de
vaincre. *(En direction du Sergent.)* N'est-ce pas?
(A Felton :) Le képi davantage sur l'œil.

FELTON : Je fais mon possible, mon lieutenant,
mais j'ai la tête pointue et quand il n'est pas
d'aplomb mon képi coule jusque sur mes
épaules.

> *Réapparaît la Mère, à l'étage au-dessous,
> venant de gauche.*

LA MÈRE, *furieuse. Tous ses gestes devront rendre
« visible » l'arbre invisible à qui elle parle :* Écarte-
toi que je passe, nom de Dieu, ou je vais
t'arracher, arbre feuillu, t'arracher la peau du
ventre copeau après copeau. *(Elle fait le geste
d'écarter l'arbre invisible.)* Tu ne vois pas mes
jupes et qu'elles sont larges? Pas chinoisé sur
l'étoffe : quatre mètres de coton bleu. Écarte!
Que je passe. Dans mes jupes autant que dans
les tiennes il y a de l'ombre, de la noblesse et
même un vieux nid. *(Elle passe, très digne, puis
elle se retourne et salue.)* Merci... Ça grimpe,
dans le pays... *(Elle se retourne encore et salue.)*

Merci. Ton haleine va déboucher mes bronches,
eucalyptus, gonfler mes poumons, mon souffle
et mes phrases, et peut-être que la chienne
que je suis pour moi seule va le devenir pour
vous?...

*Elle va à droite. Elle s'accroupit en mâchon-
nant une imaginaire feuille qu'elle vient d'arracher en se retournant. Puis, elle semble s'assoupir. Cependant qu'elle parlait les quatre soldats
sont sortis, coulisse de gauche.*

LE LIEUTENANT, *toujours au garde-à-vous, au
Sergent :* La patrouille est rentrée? A quelle
heure et en quel état?

LE SERGENT, *quittant le garde-à-vous :* Excusez-
moi, mon lieutenant, mais quand je suis au
garde-à-vous, je suis trop con et ce que j'ai...

LE LIEUTENANT, *inquiet et au garde-à-vous :*
Vous vous étirez afin d'être plus intelligent?

LE SERGENT : Ça se peut.

LE LIEUTENANT : De sorte que si, moi, en face
du capitaine, je mets mes mains dans mes
poches, je deviendrai aussi intelligent que vous
quand vous bâillez?

LE SERGENT, *souriant et se baissant pour lacer un
soulier :* Pourquoi pas?

LE LIEUTENANT, *un instant déconcerté :* Ce n'est
pas d'intelligence qu'il s'agit : mais de perpétuer
une image qui a plus de dix siècles, qui va se
fortifiant à mesure que ce qu'elle doit figurer
s'effrite, qui nous conduit tous, vous le savez, à
la mort. *(Dans un cri.)* Garde à vous! *(Le
Sergent ne bronche pas, laçant toujours son soulier.)* La patrouille est rentrée?

LE SERGENT, *baissé sur son soulier :* Sauf un homme. Étranglé.

LE LIEUTENANT : Lequel?

LE SERGENT, *toujours baissé :* Duval, garçon de café, serveur de restau...

Il est gêné par sa position.

LE LIEUTENANT : ... rant! Il n'y a pas de garçon de café dans l'armée. *(Il se tourne vers la coulisse.)* Que chaque homme pour n'importe quel autre soit un miroir. Deux jambes doivent se regarder et se voir dans les deux jambes d'en face, un torse dans le torse d'en face, la bouche dans une autre bouche, les yeux dans les yeux, le nez dans le nez, les dents dans les dents, les genoux dans les genoux, une boucle de cheveux dans... une autre ou si les cheveux d'en face sont raides dans un accroche-cœur... *(Très lyrique.)* S'y regarder et s'y voir d'une parfaite beauté... *(Il fait un demi-tour réglementaire et parle face au public.)* d'une totale séduction. Et que se multiplient encore les miroirs à trois faces, à dix faces, à treize, à cent treize, à mille, à cent mille! Que les profils se renvoient des profils et que l'image que vous offrirez aux rebelles soit d'une si grande beauté, que leur image qu'ils ont d'eux ne pourra pas résister. Vaincue. Elle tombera en morceaux. Cassée... Ou comme la glace : fondue. Victoire sur l'ennemi : morale.

Le Sergent sort, d'une démarche très nonchalante.

LE LIEUTENANT, *continuant seul son monologue d'une voix rageuse en regardant la coulisse où est entré le Sergent :* Une boucle dans la boucle d'en face ; le cœur dans le cœur d'en face ; le pied dans le pied ; le nez dans le nez ; le pied dans le nez ; l'œil dans les dents... *(Il semble pris d'une véritable transe.)* le foie dans le foie ; le sang dans le sang, le nez en sang ; la soupe au lait ; la soupe au sang, Sergent, Sergent, vous n'avez peut-être pas besoin de tous ces artifices, Sergent, vous connaissez le pouvoir sur vous-même de votre carrure et du froid de votre œil ; vous rayonnez et le goût ravageur de l'intelligence vous fourre les poings au fond des poches et moi, qui voulais apprendre à jouer du violon ! *(Il se met soudain au garde-à-vous.)* A vos ordres, mon général ! *(Un temps.)* A vos ordres !

 Il sort à droite. Un temps, puis paraît, à l'étage au-dessus, la Mère.

LA MÈRE, *d'une voix forte, comme si elle hurlait :* Les arbres en savent quelque chose, effrontés !... *(Elle murmure.)*... que des calèches promènent sur les plages des charretées de morts, patience !... pour traverser les bois, les forêts, la nuit, j'ai... moi !... Mère Très-Haute et pas encore à la retraite... J'ai... *(Elle crie.)* tout prévu !... Tout ! *(Elle marche toujours.)* C'est bien ça... *(Elle prête l'oreille.)*... une rafale ? *(Elle rit et imite une rafale de mitraillette.)* Voilà. *(Précise.)* Voilà un son horizontal. *(Elle s'accroupit et s'éponge avec un mouchoir. Continuant après s'être torchée.)* On ne laisse aux fous que la parole. *(Elle crache.)* On leur coupe les ongles : ils égratignent. On leur coupe les cheveux : ils en font des cordes. On coupe leurs églantines : ils se les mettent au cul. Moi je trottais dans l'herbe en reniflant la trace d'un lièvre... L'hiver, je lapais la flotte des flaques de pluie, l'été j'avais la gueule sèche à ne plus pouvoir aboyer...

UNE VOIX, *assez douce :* Qui est-ce qui parle?

LA MÈRE : Une ronce qui traîne.

LA VOIX : Ronce ou barbelé?

LA MÈRE : Barbelé.

Elle sort, passant derrière le paravent. Un instant la scène reste vide. Puis, à gauche, arrive Pierre. Il marche lourdement, comme fatigué. Il porte un sac très lourd et sa mitraillette. Il tient, par les lacets, ses souliers. Il s'assied sur la pierre, tandis que sur le paravent, à la place de la lune, s'inscrit la constellation de la Grande Ourse.

PIERRE : Merde! Même la pierre est fatiguée... (*Un temps.*) Nom de Dieu de nom de Dieu, quels culs, mais quels culs ont bien pu se poser là-dessus? Tandis qu'à Boulogne... (*Très fier.*) Dire que moi je suis de Boulogne, où eut lieu le Camp du Drap d'Or! Chaque mot s'écrit avec une majuscule. Et ça veut dire que le drap n'était pas en argent, mais en or. Comme ma dent du fond. Et me voilà assis dans la nuit musulmane avec le verre d'eau de mon lieutenant.

Il se relève avec difficulté et reprend sa marche, vers la gauche. Il est sur le point de quitter la scène, en passant derrière le paravent, quand on entend dans la coulisse la voix très forte de la Mère.

VOIX DE LA MÈRE : Y a plus de lune!... Drôle de pays!... Oui, y a plus de lune!... La lune a trahi sa mission !... Trahi ? Mais qui trahit ? *(Elle entre, venant de la coulisse de droite.)* De nos jours, personne. Trahison... Trahison... le pauvre petit mot, l'oiseau tombé d'un fil télégraphique, le pauvre petit mot reste tout seul, perdu, sans personne, sans personne pour le ramasser, pour le réchauffer ?... Holà qui est là ?... Qu'est-ce que c'est, qui c'est ?... Un homme ? C'est un homme ?... Qui est là ? Approche. Même à mon âge je peux encore reconnaître une braguette. Montre. *(Pierre se montre. Il a un haut-le-cœur, comme s'il allait vomir.)* Tu dégueules ?

PIERRE, *d'une voix blanche :* J'en pouvais plus. Il a bien fallu que je me soulage.

LA MÈRE, *s'approchant de lui et lui soutenant la tête :* Laisse-toi aller... Continue, si tu en as envie... C'est peut-être la vertigineuse beauté du panorama qui te met l'estomac à l'envers. Ça s'est vu.

PIERRE, *s'essuyant la bouche avec sa manche :* Toi, qu'est-ce que tu fais là à cette heure-ci ?

LA MÈRE : Je suis venue me soulager dans la caillasse. D'où es-tu ?

PIERRE : Boulogne... *(Un temps.)* Tu ne nous espionnes pas, au moins ?

LA MÈRE, *le soutenant toujours :* A l'idée que c'est vous qui nous ferez tous crever, je chante et je ris. Si vous arrivez à faire du village une petite tache de sang rouge sur la carte...

PIERRE : On fera ce qu'on pourra. Aide-moi à remettre mon barda.

La Mère lui passe la musette autour du cou, sans cesser de le soutenir, mais elle s'aperçoit qu'elle a fait deux fois, avec la courroie, le tour

*du cou de Pierre. Elle veut le déprendre... Cela
dure assez longtemps. On entend une détonation
et un bruit sourd.*

LA MÈRE : Excuse... Je n'ai jamais bien su
harnacher les soldats... Je ne sais plus où est la
droite ni la gauche...

*Mais Pierre s'évertue aussi et s'embrouille
dans les courroies.*

PIERRE : Ramène la musette par-devant...

LA MÈRE, *toujours occupée à arranger les courroies :* Mais où est le devant le derrière, le bide le
cul, le dessous le dessus ?... Ici ou là ?... Partout
ailleurs ?... (*A mesure qu'elle parle, elle enroule des
courroies toujours plus longues, plus nombreuses et
plus serrées autour de Pierre.*) L'envers, l'endroit ?... Le chaud et le froid ?... Où est vrai
nord, faux sud ?...

PIERRE, *légèrement inquiet :* Dis, mémée... tu
joues à quoi ?... C'est pas de ton âge... Qu'est-ce
que tu fais ?

LA MÈRE, *elle souffle :* Des nœuds... des sacs...
des sacs de nœuds... des boucles et des réseaux...
des passe-montagnes...

PIERRE, *d'une voix faible, et cherchant à se
débattre :* Mémée ?... Qu'est-ce que...

LA MÈRE, *soudain énervée et vigoureuse, tirant
sur la courroie, son genou dans le dos du Soldat :* Je
tire.

*Elle imite le bruit de la mitraillette, puis elle
crache dans ses mains et tire plus fort.*

PIERRE : Tu joues au con, mémée...

LA MÈRE : Ça m'arrive... (*Elle tire encore.*)...

Ça vient de m'arriver... *(Le Soldat tombe tirant la langue. La Mère se redresse et reste un moment, reprenant souffle.)* Ça vient de m'arriver. *(Soudain affolée.)* Ça n'est pas possible? *(Elle donne un coup de pied au cadavre.)* Ce n'est pas vrai, tu n'es pas mort? Relève-toi. Remets-toi debout. Tu n'es pas mort. Je ne t'ai pas tué, dis? *(Elle s'agenouille devant le cadavre.)* Réponds-moi, je t'en supplie, réponds, petit soldat de France, amour, mon amour, ma chatte, ma mésange, relève-toi... mais debout, saloperie! *(Elle se redresse et ramasse la courroie.)* Il est bien mort, la charogne! Et qu'est-ce qu'on fait de ces trucs-là? *(Elle commence à traîner le cadavre comme on traîne un gibier abattu.)* Qu'est-ce que c'est donc que je traîne? Mais pourquoi des courroies autour de son cou satiné? *(Elle s'arrête pour souffler.)* Comme un geyser, jusqu'au ciel le sang n'a pas jailli, pourtant, d'un bord à l'autre du monde, que la nuit est rouge!

Elle se retourne, avec la main, elle vise le cadavre en imitant le bruit de la mitraillette. Elle disparaît en coulisse, traînant le fourbi. Ce plan reste vide un instant, puis apparaissent, tâtonnant dans la nuit, le Lieutenant et le Général.

LE GÉNÉRAL, *répondant à une phrase du Lieutenant, prononcée sans doute en coulisse :* ... Onze. Le 20 juillet. Il aura onze ans. *(Un temps.)* Si je le reverrai ou non... s'il me reverra ou non?... Pupille de l'armée, il entrera au prytanée. Mais il ne fera pas carrière dans la Coloniale... *(Triste.)*... il n'y aura plus de Coloniale, puisque

plus de colonies, plus de Légion étrangère,
puisque plus d'étrangers. Tout sera plat. Vous
boitez?

Ils avanceront très lentement, très courbés,
l'un derrière l'autre, à tâtons. La nuit doit être
sensible, par tous leurs gestes.

LE LIEUTENANT : Toujours ma foulure.

LE GÉNÉRAL : En descendant les marches de la
popote? J'avais recommandé de placer une
rampe. Une corde, une simple corde. Enfin... un
officier qui boite, ça n'est pas humiliant. Moins
que s'il toussait. *(Un temps.)* Non, plus de
colonies. Mon fils risque d'arriver à l'âge viril
sans savoir ce que c'est un indigène. Ou alors, il
n'a plus de temps à perdre. Ceux d'en face aussi,
ils combattent. Et le combat les embellit. Vous
avez remarqué?

LE LIEUTENANT : Vous aussi? Penchez-vous?
Votre dos dépasse la crête des roches.

LE GÉNÉRAL, *sur le ton d'un commerçant qui voit*
la clientèle s'éclaircir : De moins en moins de
regards sournois... de moins en moins de gueules
fuyantes... *(Grave.)* Vous méfier, lieutenant, de
cette beauté qui monte *(Lyrique.)* Beauté,
beauté, ciment pour nous mais pour eux aussi.
(Un temps.) Je me le demande, après vingt-huit
ans de service, si je n'avais pas admiré ma
prestance dans une glace, est-ce que j'aurais
eu assez de courage pour la défendre?... Si
jamais, en face, il leur tombe un miroir entre
les pattes.

LE LIEUTENANT : J'ai donné l'ordre qu'on tire
d'abord sur les glaces. Du reste, il ne reste plus

rien du village. Nos amis sont tués ou en fuite.
Les autres...

LE GÉNÉRAL : A force d'en avoir chié, ils
laissent perdre et couler leur merde derrière eux.
Nous, on va marcher dedans, et si on n'a pas des
techniques nouvelles... *(Un soupir.)* Beauté,
ciment des armées... c'est une de vos phrases,
n'est-ce pas? Et le sergent Machin?

LE LIEUTENANT, *comme illuminé* : Je comprends
pourquoi ils ne volent plus les pataugas à nos
tués?

LE GÉNÉRAL : Le sergent? Vous n'en pipez
mot.

LE LIEUTENANT : Sans compter que cet affolant
Saïd, introuvable toujours, se détériore toujours
plus. Traître...

LE GÉNÉRAL : C'est grâce à sa trahison que nos
hommes — je cause comme une rombière! —
ont réussi la prise du roc où nous sommes.

LE LIEUTENANT : Et plus il est dégueulasse et
repoussant, Saïd...

LE GÉNÉRAL, *soudain en colère* : Le sergent?
Vous craignez d'en parler. Il est de plus en plus
beau, j'espère?

LE LIEUTENANT : Détaché à la section spéciale.
(Un temps.) Je me ferai masser...

LE GÉNÉRAL, *sévère* : Vous avez les chocottes?
(Il chantonne.) Beauté, ciment... Il sait la
conduire jusqu'à son terme, cette splendeur, le
sergent. Avouez qu'il vous en fiche la trouille?

LE LIEUTENANT, *d'une voix blanche* : Je ne
croyais pas qu'on puisse aller jusque-là... Je
n'avais pas eu l'occasion de voir de près un aussi

beau monstre. Je l'avoue, j'ai reculé, mais je vais me ressaisir...

LE GÉNÉRAL : Reculé?... Ressaisir?... Reculé où, ressaisir quoi? C'est pourtant lui qui est devenu notre modèle, qu'on le veuille ou non. Quand le combat est accepté, il faut le mener jusqu'à la damnation. Et quand c'est contre l'Infidèle, faire remonter en nous la chaste cruauté des chroniques sarrasines... Le sergent...

LE LIEUTENANT, *d'un voix blanche* : Il tue même les enfants... les fillettes...

LE GÉNÉRAL, *admiratif* : Les fillettes sarrasines! Trop tard pour reculer. Ce sergent est une Durandal et il se plonge jusqu'à la garde.

LE LIEUTENANT : Son cou... ses dents... son sourire... et surtout son regard... Il tue si bien, si froidement parce qu'il est au pouvoir. Sa beauté le protège...

LE GÉNÉRAL : Et nous protège...

LE LIEUTENANT : ... bien de nous.

LE GÉNÉRAL, *hargneux* : Quoi vous dites?

LE LIEUTENANT : Elle se fout bien de nous, sa beauté. Il y a aussi qu'il se sait aimé, il se sent aimé de nous, et déjà gracié. Et nous, nous n'avons personne... Je ne croyais pas qu'on puisse aller...

LE GÉNÉRAL, *impitoyable* : Vous déconnez? On doit y aller. Armés, bottés, casqués, oui, mais aussi poudrés, cosmétiqués, fardés, ce qui tue c'est un fond de teint sur un squelette de gestes précis et quand la mort nous aura tués...

Une rafale de mitraillette, le Général tombe au moment où il allait sortir dans la coulisse de droite. Le Lieutenant s'accroupit. C'est dans

cette position qu'il sortira, traînant par les pieds
le cadavre du Général, mais avant il prononce
quelques mots.

LE LIEUTENANT, *au cadavre :* Ça tombe bien.
(Un temps.) Mon général, avec tout le respect
que je vous dois *(Il murmure presque.)*, je suis
obligé de vous dire que même pour descendre
un Infidèle, il faut se livrer à un tel travail
théâtral qu'on ne peut pas être à la fois acteur et
metteur en scène... *(Une autre rafale.)*... Merde,
la pluie. *(Il tire le cadavre par les pieds.)* ... il va
falloir que je vous prenne le revolver, que je
vous bascule... et que le Général roule au fond
des Temps.

Commentaires du treizième tableau

C'est à partir de cet instant que devrait avoir lieu une action qui provoquerait, mieux que tout, son effacement : scène, maintenant déchirée, où Saïd avait la révélation de la trahison. Afin qu'il prenne mieux conscience de cela, Saïd devrait aller à l'école du soir.

Par le fait de quels cheminements les mots tradition et trahison, s'ils ont la même origine, signifient-ils des idées si différentes ou si foncièrement — je veux dire si radicalement — semblables ?

Il va de soi que Saïd ne doit pas trahir s'il veut connaître toujours la tentation de la trahison. Action pleine, la trahison, comme tout le reste, lui échappe : il marche, il boit, il mange, il dort toujours tout au bord de la trahison, dans la tentation constante de trahir, mais sans jamais je ne dis pas succomber, mais réussir.

C'est à cela que devra réfléchir le metteur en scène, s'il veut comprendre les scènes qui vont suivre.

Mais je dois encore ajouter ceci : si la vie

secrète et profonde de Saïd intéresse, il n'est pas
défendu de récrire les tableaux maintenant
détruits et qui auraient pour titre, par exemple :

Saïd à l'École du Soir,

Saïd trahissant — mais en commettant une
erreur si grave que la trahison ne peut être
réalisée : la trahison trahissant Saïd,

Survie de Saïd,

Les enfants de Saïd (une progéniture encore
plus larvaire que lui-même),

Renaissance de la mère de Saïd, etc.

Il faudrait que les tableaux s'encastrent bien
dans ceux qui sont écrits, et que cela donne
quelque chose comme « Rocambole au désert ».

Comment ce tableau sera-t-il interprété? Mais
d'abord un mot sur les costumes. Ni les soldats,
ni le Lieutenant, ni le Général n'apparaissent
dans cette pièce afin de faire revivre un instant
de la capitulation de la France en Algérie.
Soldats, lieutenant, général sont là — et le
tableau lui-même, afin de donner aux specta-
teurs l'idée d'une Force s'opposant à une autre
Force. Il est donc indispensable que les costumes, surtout ceux des soldats, du Lieutenant
et du Général, évoquent une force, à la fois
guerrière et raffinée, brutale et sournoise. La
réalité historique ne doit se manifester que d'une
façon lointaine, presque effacée. Je trouverais
bien que le peintre chargé des costumes inventât
des uniformes très guerriers, d'où, à cause des
couleurs, des signes, des symboles, émane une
idée de Force — sans toutefois qu'on s'écartât
trop de la vérité historique. Prenons un exemple
ailleurs.

L'Aigle de Prusse. L'emblème veut imposer — et le réussit — une idée de force irrépressible, une idée aussi de violence et de cruauté. L'Emblématique n'a pas cherché à représenter un aigle véritable mais à donner, à partir de l'aigle, ces idées dont je parlais, et obtenues grâce à une stylisation des plumes, une exagération de l'envergure des ailes, grâce aux serres refermées sur un globe, grâce au cou dégarni, au bec de profil, etc. La reproduction fidèle de l'image d'un aigle ne réussirait pas à donner une impression si grande de force fantastique.

D'ailleurs, on peut assez bien voir où conduirait le réalisme. L'image la meilleure d'un aigle serait l'aigle lui-même. Où le trouver ? Dans une cage ? Libre mais apprivoisé ? Prisonnier ou aliéné l'aigle lui-même ne donnerait pas l'impression recherchée. L'emblème a plus de force, mais à condition de découvrir l'aigle réel, ce qui doit être déformé, souligné, oublié, etc.

QUATORZIÈME TABLEAU

Les trois estrades sont restées, mais les paravents ont changé de direction et de signes.

Premier paravent : il se trouve directement sur le plancher de la scène et à gauche. Il représente le bordel.

Deuxième paravent : sur une estrade réunie au plancher par un escalier visible, à droite, il représente l'abreuvoir du village. Il ne s'y trouve personne quand la scène débute, devant le premier paravent. Contre le second paravent, celui du haut, un vélo est posé. Et derrière ce paravent, on verra dépasser les paravents couverts de dessins au douzième tableau.

Les personnages : les soldats qui entrent au bordel sont des combattants arabes. Les hommes qui seront devant le deuxième paravent, c'est-à-dire l'abreuvoir, sont tous éclopés, ou défigurés.

Salem : Manque un bras. Une femme lui roule une cigarette.

Srir : Il paraît défiguré grâce à un masque.

Ahmed : S'appuie sur une béquille. Manque une jambe.

Bachir : Un gros pansement au bras gauche.
Costumes multicolores, selon le style déjà indiqué.
Djemila portera une robe mauve, des bas et des souliers blancs, un chapeau jaune. Les soldats arabes : faces maigres et bronzées, uniforme américain, chapeau de feutre à large bord, comme au Texas, je crois.

WARDA, *seule. Elle se plante devant le miroir :* J'en ai mal au ventre jusqu'au centre de la terre. Le dernier qui viendra — s'il vient — va chavirer au bord d'un lac. Pauvres jupons d'or ! J'ai cherché qu'un jour, au lieu d'être parure vous soyez, à vous seuls, la putain dans la gloire. Fini, mon rêve. Et me curer les dents avec des épingles à chapeau, mon style ! Quand on me bascule sur le lit, mes jupons c'est vous qu'on terrasse et qu'on fripe. Ces messieurs n'ont même plus la force de soulever votre ourlet plombé, et pour qu'ils perdent moins de temps, j'ai dû leur ouvrir une fente sur le devant. *(Elle allume une cigarette.)* Dans le brocart un volet qui ouvre sur le centre de la terre ! *(Elle tire une bouffée.)* Et à quarante-deux ans, il me faut apprendre à fumer !

A gauche, sort le soldat arabe, qui boutonne le col de sa chemise. Avant de disparaître, il arme sa mitraillette. Nouant sa ceinture et arrangeant ses cheveux, entre Malika.

MALIKA : Ni moi pour le travail ni eux pour le plaisir, on n'a plus le goût. Ils montent les dents serrées.

Elle s'accroupit et prend son ouvrage, elle coud.

WARDA, *amère :* Tandis que les femmes nous sourient. *(Elle fume.)* J'ai travaillé pour n'être dans ma nuit qu'une espèce de mannequin doré qui se gratterait les gencives avec des épingles en plaqué et voilà que les femmes nous invitent, le sourire sur les dents! *(Un temps.)* Elles n'ont pas encore eu le toupet de m'appeler par mon nom, comme leurs frères ou leurs cousins...

Elle crache son mégot, de dépit.

MALIKA, *essayant d'enfiler une aiguille :* C'est le fil qui hésite et qui se courbe. L'aiguille reste féroce. *(A Warda.)* A toi.

Entre en effet un soldat arabe, venu de gauche. Même jeu que le précédent. Warda disparaît derrière le paravent.

WARDA, *avant de disparaître :* Tu as raison, on dirait qu'ils viennent au bordel pour tuer.

Un silence. Malika coud.

MALIKA : Vaut mieux se laisser porter par le courant... *(Elle coud.)* Pourvu que le soleil ne tarisse pas l'eau du village, sinon avec quoi nous laver? *(Un temps.)* La section va redescendre vers les huit heures... ceux qui n'y seront pas restés. Et ce sera l'affluence. Le coup de feu. *(Elle rit doucement.)* Je reconnais que là-haut, sur les collines, ils savent travailler!... Il n'y aura jamais eu même dans la Bible tueurs aussi délurés... tueurs aussi vaillants... *(Elle rit encore.)* ...Je ne voudrais pas être fille, ni mère, ni femme, ni grand-mère, ni petite-fille d'un

Français qui tombe entre les pattes de nos guerriers! *(Elle rit.)* Je n'oserais plus aller sur sa tombe porter les fleurs en celluloïd. *(Sort le soldat arabe avec son colt.)* Tu remontes là-haut?

LE SOLDAT : Si je suis venu me soulager, ce n'est pas pour prendre ma retraite.

MALIKA : La guerre ne te suffit pas?

LE SOLDAT : Tu n'as pas à t'en plaindre.

MALIKA : Je pose une question...

LE SOLDAT, *après une hésitation :* On ne fait déjà plus la guerre pour le plaisir, mais pour la gagner. *(Léger silence.)* Le plaisir doit être à côté de la guerre, pas dedans.

> *Il achève de se boutonner et il sort. Malika hausse les épaules. Warda apparaît.*

MALIKA : On entend l'eau couler quand tu te laves. Tu fais du clapotis...

WARDA, *sèche. Elle va au miroir :* Je me dépêche. C'est l'usine. Ils nous tuent, au moins qu'on en profite. Il faut gagner. Adieu, mes épingles à chapeau pour me curer les dents. Mon style! Adieu mon style! Moi, Warda, les hommes venaient de loin pour me voir me curer les dents avec mes grandes épingles à chapeau. Maintenant, ils viennent pour me baiser. Alors... autant gagner...

MALIKA : Heureusement qu'ils acceptent de payer.

WARDA, *se retournant, furieuse :* Ils auraient le toupet! Tu crois?... Ils nous crèvent!... On travaille dans un bain de vapeur... Ils viennent s'engouffrer sous mes jupons d'or, ils fourragent dans mes plis, dans mes replis et jusqu'à s'y endormir — combien s'y endorment, pris de sommeil ou de peur? — sans respect pour mes richesses ni pour ce qu'en vingt-quatre ans j'étais devenue et ils ne lâcheraient pas le fric!

MALIKA : Quand ils remontent du gouffre, c'est pour aller à la mort. Ils pourraient...

WARDA, *toujours plus furieuse :* Mais nous, on pourrait fermer boutique. Ce serait facile. C'est bien maintenant qu'on peut, si on en a le goût, devenir... infirmières... si on demandait à devenir infirmières on nous laisserait lâcher le boxon. *(Un temps.)* Toi aussi, tu sens autour de nous circuler l'air, l'espace et le temps de n'importe qui. Le bordel n'est plus le bordel et pour ainsi dire, on baise à ciel ouvert. Notre travail est devenu aussi clair que celui des femmes au lavoir. La nuit?... elle est partie. La nuit qui nous entourait, qui l'a soufflée?

Entre un soldat arabe, bardé de bandes de mitraillette. Il passe derrière le paravent où Malika le suit.

Au deuxième paravent représentant l'abreuvoir, apparaît Ommou. Elle tient à la main une sorte de sachet vide. Elle regarde Ahmed avec insolence, puis entrent Habiba, Nedjma.

WARDA, *seule :* Pute! Moi, Warda qui devais de plus en plus m'effacer pour ne laisser à ma place qu'une pute parfaite, simple squelette soutenant des robes dorées et me voici à fond de train redevenir Warda.

Elle commence à déchirer sa jupe, si bien qu'à l'arrivée de Malika elle sera en guenilles, cependant qu'elle pousse une longue plainte.

En haut, de derrière le paravent vient de sortir Ommou, puis Ahmed, puis Srir.

OMMOU, *une femme arabe de soixante ans environ :* Vert, vert pâle, un paquet dans chaque puits...

AHMED : Et les ânes?... Les moutons?

OMMOU : S'ils n'aiment pas l'arsenic, qu'ils crèvent. Mais ne crèveront pas seuls, avec eux, les beaux soldats blonds.

AHMED : Dans l'orangeraie de Kadour, il y a trois chèvres éventrées depuis hier. Elles sont noires de puces. De puces, de mouches. Le soleil a fait exploser les panses. Les boyaux sont rongés de vers. Ton arsenic ne peut rien contre les puces ni les mouches. Sans compter qu'il se pourrait qu'on ait été vendu, et plus que probable par Saïd...

SRIR : On va vers la catastrophe. S'ils ne trouvent plus d'eau ces messieurs ont encore les camions-citernes, mais nous? Il va falloir être prudents... Ils ont presque tous foutu le camp, mais ils peuvent revenir... Et alors, quel carnage, Madame!...

OMMOU, *méprisante :* Alors vas-y! Engage-toi dans la Légion. Tu n'auras pas seulement de l'eau mais de la citronnade et moi, qui n'ai même plus assez de salive pour coller un timbre-poste, en raclant bien j'en trouverais assez pour rafraîchir ta gueule et y faire pousser du cresson! *(En invocation.)* Kadidja! Kadidja! On dit que tu es morte, puisque tu es dans la terre, mais passe dans mon corps et inspire-moi! Et quant à Saïd, qu'il soit béni!

Au bordel, le soldat sort, puis Malika reparaît.

MALIKA, *rentrant :* Leur raideur! Elle est passée dans leur regard... *(Apercevant les loques dorées de Warda.)* Mais... on dirait après une explosion!

Entre un soldat arabe. Il passe derrière le paravent, après avoir fait un signe. Warda le suit. Malika va prendre son ouvrage, mais comme Ahmed parle, elle reste attentive.

AHMED, *à Ommou :* Tu as tort de t'emporter. On te supporte parce que les insultes de femmes, c'est notre Marseillaise, mais quelquefois...

NEDJMA, *qui vient d'entrer :* Le fumier et les insultes sont nécessaires. Vous devriez être contents qu'on vienne, nous, les femmes, fumer votre courage comme on fume les courges.

BACHIR : Il faut voir la réalité. Si quelque chose, finalement triomphe, ce sera quoi? Notre cadavre. Et nos cadavres baiseront les vôtres et vos cadavres accoucheront de petits cadavres...

TOUTES LES FEMMES : Hou! Hou! Hou! Hou! Et tu te prétendais en acier! En duralumin!

BACHIR : Si je ne suis pas en dural, je vous rappelle que je suis un des premiers et des plus féroces combattants. C'est moi qui, la ferme des Nanteuil, au feu; le garde champêtre de Bou Medina, à la broche; les deux soldats aux yeux bleus, kaput. Bien. Mais vivre dans une vraie dégueulasserie, dans la crasserie et la chierie, non! Arseniser les puits, c'est un péché.

OMMOU : Les péchés te font peur? On n'a pas autre chose à vivre que les péchés, il faut les vivre. Je n'ai rien contre Dieu, mais il voit qu'il

ne nous a laissé que les péchés. Et qu'est-ce
donc, Messieurs, que prendre le deuil, sinon
s'enlaidir? Se couvrir de crêpe, de cendres, de
boue, de mouches, de bouse de vache, laisser
que pousse la barbe, que s'amasse la crasse dans
les replis de la peau, se crever les yeux, se
raboter les doigts, qu'est-ce donc, Messieurs, que
prendre le deuil? *(Avec ferveur.)* Que Saïd soit
béni!

AHMED, *il montre les ruines :* Voyez ce qu'on
est devenu...

HABIBA, *seize ans, qui vient d'entrer :* On
deviendra pire. Moi je ferai tout. Je suis prête à
choper la vérole auprès de toi pour la coller aux
soldats. *(Elle se tourne vers le bordel, se penche et
crie.)* Tu m'apprendras, Warda.

MALIKA, *très humble :* Ils ont tout, mon pauvre
petit : permanganate, gomme, bleu de méthy-
lène... Ils sont bien protégés. Ils ont tout : des
seringues hypodermiques, des capsules, du tri-
costéryl.

*Le soldat sort de derrière le paravent, mais au
lieu de passer dans la coulisse, il monte l'escalier
et se trouve aussi sur la place de l'abreuvoir. Il
regarde tout le monde, sans rien dire.*

SALEM : Ils ne trouveront plus qu'un pays
mort, mais nous, nous ne vaudrons plus rien. Et
ton Saïd, quand nous le prendrons, il passera à
la casserole!

OMMOU : Boucle, toi. *(Se reculant comme pour
l'admirer.)* Tu es le plus beau et le plus con, c'est
connu. Contente-toi de faire des gestes, de
prendre des poses, de tirer un peu la langue, de

battre des cils, de faire vibrer ta cuisse, ça
rafraîchira nos yeux et la discussion pourra
reprendre.

LE SOLDAT, *sévère :* C'est des choses qui ne
sont plus à dire. Et parler d'un traître comme tu
le fais, ça n'est pas à faire. Et quoi d'autre ?
Voleur, bâtard, mendigot...

OMMOU, *elle est un moment interdite, puis elle
regarde le soldat avec ironie :* Ah ! Ah !... il fallait
s'y attendre ! Parce que vous autres, vous en êtes
déjà au stade de la tenue, de la discipline, des
jolies marches et des bras nus, des parades et de
la mort héroïque en chantant *Madelon, Marseillaise* et la beauté guerrière...

LE SOLDAT : Il y a autre chose que merde et
crasse...

OMMOU : ... de vous calquer sur eux, être leur
reflet c'est déjà être eux : front contre front, nez
contre nez, menton-menton, jabot-jabot, et
pourquoi pas, bon Dieu, pourquoi pas faire
l'amour avec eux, bouche contre bouche,
haleine-haleine, languette-languette, cri contre
cri, râle contre râle...

LE SOLDAT, *se portant méchamment sur Ommou
qui recule :* Saloperie !

OMMOU, *comme dans un cri de victoire :* Ah, ah !
J'ai touché juste, hein ? La guerre, l'amour !
Demande donc à ces demoiselles du boxon si les
guerriers qui reviennent chez eux... *(Elle
s'adresse au bordel.)* Hein ?... Malika ? Réponds...
Tiens, elle a fermé la fenêtre ! *(Soudain un
grondement de tonnerre. Il pleut sans doute
puisque, sauf Ommou et Salem, la moitié des
personnages va à droite, l'autre moitié à gauche près*

Les dernières et les premières syllabes des répliques se chevauchent.

*de la coulisse, et se tient comme se tiennent les gens
sous un auvent, craignant d'être mouillés. Ommou
est seule au milieu et elle rit.)* Mais qu'est-ce que
l'eau du ciel pourrait bien mouiller? Vous êtes
épais comme des fils, jamais une goutte ne
réussirait à tomber sur vous! *(Elle rit. Mais
Salem est venu près d'elle.)* Sauf toi, Monsieur
Salem. Quand la guerre sera finie tu seras un
ancien combattant. Pour le moment tu es un
réformé. C'est la guerre qu'il faut poursuivre. A
grands cris. Et l'éloquence ne sort pas de ta
bouche mais de ta manche vide. Qui va gonfler
tes pneus? Donne. *(Elle lui prend des mains la
pompe à vélo, défait une valve de la roue avant et
commence à gonfler le pneu. Entre ses dents.)* Vous
regonfler!... Toujours vous regonfler...

LE SOLDAT, *s'approchant :* Nous aussi on est en
colère, mais notre colère est plus lente. Il faut
porter la mitrailleuse et la mettre en place. La
servir. Surveiller l'horizon. On se révolte, mais
notre révolte est plus lourde. Vous pouvez
chanter en dansant autour de nous, nous, il faut
qu'on protège vos danses, vos valses et tes
insultes.

Il veut prendre la pompe, mais Ommou refuse.

SALEM : Il a raison. Et même tes injures vont
se tarir. Le débit devient de plus en plus faible.

OMMOU, *relevant la tête :* Je vieillis?

LE SOLDAT, *avec tristesse :* Je serai mort avant
toi, donc c'est moi le plus vieux. *(Après un
silence.)* Dépêche-toi de gonfler ses pneus. Je ne
veux pas rester sous l'averse.

OMMOU, *ironique :* Tu crains pour ton bel
uniforme...

LE SOLDAT, *s'éloignant et allant se protéger :* Ça aussi. On se bat moins bien quand on est en loques. *(Soudain hargneux.)* Et on se bat moins bien quand on a une sale gueule et qu'on plaît moins aux filles. *(Avec rage.)* Et si des hommes doivent envier notre mort il faut que notre façon d'aller mourir leur fasse envie !...

OMMOU, *hurlant :* Kadidja !...

SALEM : On va être trempés, laisse le vélo.

> *Il le prend par le guidon.*

OMMOU : Fragile des cordes vocales, je vais sûrement tousser demain matin. Mais Kadidja disait bien ce qu'il fallait dire...

> *En bas, au bordel, entre un soldat, qui passe derrière le paravent où Malika le suit. Warda paraît de plus en plus furieuse.*

MALIKA, *avant de disparaître :* S'il s'abat sur moi, je vais revenir trempée !

SALEM, *sortant avec son vélo à la main :* N'oublie pas qu'elle l'a dit une fois morte. Vivante, elle n'aurait pas osé. *(Ommou hésite à répondre.)* Dépêche-toi, je me mouille.

LE SOLDAT, *criant :* Pour protéger quoi? Pas autre chose que ta connerie, la vieille. Pas autre chose que ta douce... ta douce... ta tendre, lumineuse connerie...

OMMOU, *ironique :* Elle est donc si précieuse?

> *Elle tousse.*
> *Ils réussissent à se mettre à l'abri, grelottant, attendant que la pluie cesse, jusqu'à la fin de la scène.*

WARDA, *se regardant à nouveau :* Où est le

temps, miroir, où je pouvais me regarder des heures en bâillant? Où sont les hommes qui me regardaient sans même oser respirer? Maintenant on est au boulot.

Le soldat arabe sort en se peignant. Malika reparaît, nouant sa ceinture.

MALIKA : Il était couvert de sang... Je vais remettre des agrafes à ma ceinture.

Elle coud.

WARDA : Ta vivacité te prédestinait à devenir une machine à coudre. Il y avait loin, il y avait un sahara, entre moi Warda et la femme la plus méprisée du village, entre moi et Leïla. Un chef de bataillon de l'artillerie coloniale — je te parle d'il y a un an — était venu un après-midi et il fallait lui recoudre trois boutons : c'est lui avec ses gros doigts bagués, qui a raccommodé sa braguette, moi je ne savais pas. Aujourd'hui si. Sucer le fil, enfiler l'aiguille, mettre une pièce, couper en biais... A la boucherie, à l'épicerie on me dit bonjour... Je suis de moins en moins quelqu'un... Autour de moi, de mes mains, j'avais construit le boxon. Pierre par pierre vous me le démolissez pour arriver à mon cœur...

LE SOLDAT, *avec un mouvement de crânerie virile :* Tant qu'il y aura des soldats y aura des putains.

C'est alors qu'apparaît, coulisse de droite, Djemila, portant une petite sacoche.

DJEMILA, *posant sa sacoche :* J'arrive de Mayence, ville de garnison. En plus d'un corset rembourré, j'ai les reins solides. Et vifs, travail-

lés sur un lit aussi dur qu'un banc d'église, par
des soldats anglais, américains, allemands,
russes, polonais, sénégalais... *(Elle regarde les
loques de Warda.)* Ici, c'est la bagarre jusqu'au
bordel?...

WARDA, *avec rage :* Ici, c'est l'amour au boxon.

*Paraît en haut le Cadi, venant de la coulisse
de gauche. Il va sortir par le fond, mais avant :*

OMMOU : Eh bien, Cadi? Sous la pluie! Elle
sera belle cette si belle justice que tu rendais si
belle...

LE CADI, *riant :* Qu'elle aille se faire enfiler, la
justice, si je vous l'ai rendue si belle. Faites-en
ce que vous voudrez.

OMMOU : C'est à toi...

LE CADI, *riant :* Plus à moi. Les choses cessent
d'appartenir à ceux qui ont su les rendre plus
belles. Libérées, délivrées, agiles, elles
s'échappent et vont vivre ailleurs, sur qui, sur
quoi, vivre comment, je m'en torche, je m'en
branle *(Les femmes rient aux éclats.)*... meilleures et plus belles, agiles, ailées, elles aban-
donnent avec gratitude celui qui les a rendues
meilleures. Elles parties, plus rien, que dalle,
zéro, foutu!

Il rit.
*C'est alors qu'on entend siffler une marche,
au loin, comme dans la campagne. Les personnages au bord de l'abreuvoir et ceux du bordel
lèvent la tête comme pour regarder très loin et
très haut.*

Apparaissent alors, derrière le paravent du

second plan, les paravents couverts de dessins
obscènes et des soldats qui les dessinent.

MALIKA, *joyeuse :* Rien ne les arrête, nos
lurons, ni la boue à leurs bottes ni la pluie sur
leurs chapeaux... *(Elle écoute.)* C'est déjà le soir
et ils rentrent au cantonnement... fourbus...

LE SOLDAT, *joyeux :* Les voilà!

MALIKA : Toute la journée ils ont tué, éventré,
égorgé...

DJEMILA : Et ils sifflent?

NEDJMA et OMMOU : Les voilà!

MALIKA, *à Djemila :* Ils ont fait vite, pour
apprendre. Il doit y avoir un phono dans chaque
section et qui joue le même air toute la journée
et toute la nuit.

DJEMILA : Peut-être que d'ici peu autour de
nous, s'ils sifflent si bien et s'ils marchent en
tortillant du cul, comme les Ricains, peut-être
que nous...

TOUS LES PERSONNAGES EN HAUT, *ensemble :* Les
voilà! Écoutez! Ils ont une musique militaire!...
Ils tuent à la mitraillette... Ils ont un drapeau...

WARDA, *hurlant :* Non! Non! Pas moi! Je ne
flotterai jamais, jamais je ne serai battue des
vents!

OMMOU : Et avant de monter à l'attaque,
j'espère bien qu'ils boivent du vin, comme
l'interdit le Coran. Une fois dans le péché contre
le Livre, ils peuvent tout oser! J'espère bien...

LE CADI, *au soldat, en le détaillant du regard, de*
haut en bas : Ça oui. Pour l'échange maison,
vous, de votre côté vous avez réussi.

Puis, derrière et au-dessus des paravents

*porteurs de dessins, apparaissent, côte à côte,
une série de paravents blancs, faits d'un cadre et
d'une feuille de papier transparent. On doit
donc prévoir un praticable derrière les paravents
dessinés.*

*En deux quarts de cercle, placés à droite et à
gauche, plusieurs Arabes, hommes et femmes.
Parmi eux : Si Slimane, Nedjma, Brahim,
Mustapha et Pierre le soldat français. A
gauche, derrière un paravent de papier, on voit
une silhouette de femme qui hésite...*

*Au centre, le paravent devant lequel apparaî-
tra la Mère, puis le Lieutenant et les soldats.*

*Tous les Arabes éclatent d'un rire très doux.
Enfin, la personne qui cherchait à passer crève
le papier du paravent : c'est Kadidja.*

KADIDJA, *elle semble très à son aise et éclate du
même rire très doux. Puis, elle cesse de rire et essuie
ses yeux :* Eh bien!

Elle rit encore.

SI SLIMANE, *riant doucement :* Eh oui!

KADIDJA, *riant encore :* Par exemple!

SI SLIMANE, *approuvant :* C'est ça!

KADIDJA, *regardant autour d'elle :* Et on fait
tant d'histoires!

SI SLIMANE : Et pourquoi pas? Il faut bien
s'amuser.

KADIDJA, *riant de moins en moins :* C'est vrai...
mais tout de même... qui aurait cru? (*Soudain
anxieuse.*) Dites-moi, j'ai mis longtemps pour
venir?

PIERRE : Tu as été tuée à trois heures vingt-quatre, heure de là-haut, là-bas, et te voici, trois jours après.

KADIDJA, *le regardant :* Mais... qu'est-ce que tu fais toi? Tu n'es pas des nôtres?

SI SLIMANE : Nôtre ou non il est là. On ne peut pas le tuer, c'est-à-dire le faire vivre, il faudra le supporter. Il est mort d'une embolie. C'est peut-être une erreur... Je ne sais pas...

KADIDJA, *souriant :* Et qu'est-ce qu'on doit faire?

NEDJMA : Rien. Rien à faire. D'habitude, le temps est comme le café, il passe, et dans le filtre il retient les accidents : maintenant le temps ne passe plus.

KADIDJA : Qu'est-ce qu'il fait?

SI SLIMANE : Plus rien, lui non plus.

KADIDJA : Il s'ennuie?

SI SLIMANE : Interrogé, il ne parle pas.

KADIDJA : Donc, je ne parle pas.

SI SLIMANE : Tu bégaies.

KADIDJA : On n'a pas l'air ici de se rendre compte de ce que j'ai fait pour eux là-bas. J'ai organisé la révolte, entraîné les hommes et trouvé la mort pour la liberté.

BRAHIM : A vrai dire on s'en fout. Tout le monde meurt d'une certaine façon.

KADIDJA : Tous morts, bien, mais tous musulmans?

BRAHIM, *souriant :* Pour le moment, pour qu'on ne soit pas dépaysé. Après...

KADIDJA : Après quoi? Plus d'après si plus de temps?

SI SLIMANE, *souriant :* Plus de temps, mais

autre chose, aussi mystérieuse pour nous que le temps pour les vivants.

> *Chacun semble rêver.*

KADIDJA : Mais alors, si on est entre nous, on continue la lutte? On peut toujours aider ceux d'en haut?

SI SLIMANE : Aider à devenir ce qu'on voulait devenir quand on était là-haut?

KADIDJA : Oui.

> *Tout le monde éclate d'un rire très doux.*

BRAHIM : Ce serait nous efforcer à mourir moins. Et il faut mourir toujours plus.

KADIDJA : Pourtant, il reste encore une part de moi, là-bas...

SI SLIMANE : Quoi?

KADIDJA : L'image de moi que j'ai laissée... Est-ce que je peux la voir?

SI SLIMANE : Tu veux savoir s'ils ont découvert que pendant vingt ans tu te vendais aux soldats? Tout le monde l'a su au bout du premier mois.

> *Soudain le paravent le plus éloigné du public s'allume légèrement. Il est tout noir, sans aucun signe. En bas, la Mère apparaît, traînant par la courroie le soldat mort. Tous les morts lèvent la tête (alors que la Mère est au-dessous d'eux) pour la regarder.*

LA MÈRE, *geignant* : ... et de l'océan!... Rois du monde et de l'océan... *(Elle est essoufflée.)*... De rubis, vous traînez sous vos couronnes de rubis, un chariot d'épluchures...

KADIDJA, *regardant en bas* : C'est la mère de Saïd belle-mère de Leïla!...

SI SLIMANE : Il y a déjà un bon moment qu'on l'observe, mais elle ne fait que conneries sur conneries... Elle, si intelligente d'habitude, elle crève à rebours, on dirait, et sans rime ni raison.

LA MÈRE, *traînant toujours le cadavre :* Oh, oh, je me mouille ! Parce que j'ai dit deux ou trois mots sur l'océan, me voilà en nage !... Les dieux sont durs. Mais quand ils sauront dans quoi je suis taillée, ils réfléchiront, les dieux...

KADIDJA : Où elle est, en ce moment ?

SI SLIMANE : Nulle part. Mais pas encore tout à fait nulle part. Elle y sera tout à l'heure quand elle sera avec nous...

KADIDJA, *montrant Pierre :* Mais... celui-là, là, c'est celui qu'elle traîne !

PIERRE : Elle ne pouvait pas suivre... Elle tient bon à la terre, la garce... Moi, j'ai raléjé dare-dare...

KADIDJA, *semblant se désintéresser de ce qui se passe :* Sulmerge !... Sulmerge !... Ici !... Là !... Sur mon... là, sur mon doigt... non, non pas sur la phalange... pas vous ! Ephébas !... Errima !...

Elle paraît émerveillée, regarde le soldat aussi étonné qu'elle, et ils rient ensemble.

PIERRE, *admiratif :* Gagné !

KADIDJA : Et ça m'a paru facile !... Aussi clair que les rapports de l'espace et de la course...

LA MÈRE, *elle est sur le point de sortir de scène :* ... Partez !... *(Elle implore.)* Partez, Messieurs les dieux !... Partez !... Laissez-moi me dépêtrer des ronces, des courroies, des cadavres... des vivants... des vivats... des viviers... des poissons,

des lacs et des océans!... Je suis une chienne qui
pêche et qui chasse de race!...

Elle sort.

KADIDJA, *regardant Slimane* : Cinglée?

SI SLIMANE, *souriant* : Comme toi tout à
l'heure... elle traverse la forêt... Elle se dépiaute
de la raison, pour arriver pure et comme toi
connaître les rapports de l'espace et de la course
et le nom des mouches.

*De très loin, du fond de la scène, derrière les
nombreux paravents de papier, apparaît une
minuscule silhouette. Elle franchit lentement, en
les crevant, tous les paravents et elle grossit à
mesure qu'elle approche. Enfin, la voici derrière
le dernier, c'est-à-dire le plus près du public, et,
crevant cet ultime papier, elle apparaît : c'est la
Mère.*

LA MÈRE, *riant doucement* : Eh bien!

KADIDJA, *riant doucement* : Eh oui!

LA MÈRE : Par exemple!

KADIDJA : C'est ça!

Tout le monde sourit.

LA MÈRE : Et on fait tant d'histoires!

KADIDJA : Et pourquoi pas? Il faut bien
s'amuser?

LA MÈRE : C'est vrai... mais tout de même...
qui aurait cru? Alors, je suis morte? *(A Kadidja :)* C'est toi, Kadidja.

Tous les autres sortent doucement sauf Pierre.

KADIDJA, *souriant* : Je suis morte la première.

LA MÈRE : Ça t'avance à quoi? Moi, je suis
morte d'épuisement.

KADIDJA, *riant :* Mais avant tu t'es arrangée
pour en tuer un.

LA MÈRE, *feignant d'être scandalisée :* Moi?...
Pas du tout! *(Elle regarde Pierre.)* Celui-là? Son
cou s'est pris dans les courroies...

PIERRE, *riant :* Tu as tout fait pour me ligoter.
Et tu tirais!... tu tirais!...

LA MÈRE, *à Kadidja qui rit aux éclats :* J'ai
pourtant tout arrangé pour que ce soit par
hasard.

KADIDJA, *souriant :* Et pourquoi? Tu nous as
tous et toujours détestés. Et qu'on te le rendait
bien! *(Elle éclate de rire et la Mère avec elle.)*
Qu'est-ce que vous avez pris dans les gencives,
toi et Saïd et Leïla!

LA MÈRE : C'est pour ça. *(Souriant.)* Il y a
dans chaque village un petit terrain qui pue et
qu'on appelle la décharge publique, ma Kadidja
bien-aimée. C'est là qu'on empile toutes les
ordures des poubelles du pays. Chaque décharge
a son odeur et ce n'est pas la même à Grenoble
et à Upsala en Suède. De mes treize trous —
couteaux, baïonnettes et balles — le sang ne
coule plus depuis longtemps, dans mes narines,
il reste encore l'odeur de nos poubelles... *(Elle
respire et elle parle plus fort.)* que j'ai reniflée
toute ma vie et c'est elle qui me composera ici
quand je serai tout à fait morte et j'ai bien
l'espoir de pourrir aussi la mort... Je veux que ce
soit ma pourriture qui pourrisse mon pays...

KADIDJA, *riant aussi :* Moi, c'est mes mouches!
Je les envoie pondre leurs œufs au coin des yeux
des mendiants de quatre ans, dans le ventre de

nos vaches assommées et ronfler autour des cadavres de nos soldats. Méfiance !

> *Toutes les têtes se baissent cependant que le paravent du haut s'éclaire à nouveau, je veux dire le paravent devant lequel marchait la Mère.*

SI SLIMANE, *doucement* : C'est l'automne... c'est l'automne...

LA MÈRE, *étonnée* : C'en est qui me suivent ?...

> *Apparaissent alors trois légionnaires ployant sous le barda, marchant lentement, dans l'obscurité. Tous les uniformes sont en lambeaux et couverts de boue. Les acteurs parleront d'une voix étouffée comme chaque fois qu'ils figurent des soldats. Les morts regarderont en haut, alors que la scène qu'ils regardent se joue en bas.*

ROGER, *il paraît très las, il marche et se dirige vers la coulisse de droite* : C'est chaque pierre, que tu soupçonnes ! Va doucement, à gauche c'est le ravin...

NESTOR, *apparaissant, épuisé* : L'ennemi c'est tout ce qui bouge et tout ce qui ne bouge pas. C'est l'eau qui bouge et l'eau qui ne bouge pas et c'est le vent qu'on avale.

ROGER, *pétant, et d'une voix grave* : Avale les miens, c'est des vents qui arrivent du Lot-et-Garonne.

NESTOR, *se bouchant le nez* : Dé-gueu-lasse !

> *Durant toute la scène, même quand le Lieutenant sera là, les acteurs se parleront comme sans se voir. Jamais leur regard ne rencontrera le regard de celui à qui ils parlent. Ils doivent donner l'impression d'être en pleine nuit.*

ROGER, *enlevant ses deux souliers qui n'ont plus de semelles :* Elles sont parties, mes semelles, et je marche sur la peau de mes pieds. La patrie, donc, c'est pas à la semelle de mes souliers qu'elle est attachée, elle dépose dans mon ventre. Pour qu'elle m'environne, je lâche un pet. Ceux du Lot-et-Garonne, les gars s'ils font tous comme moi, et ceux de la Gironde, ceux du Tarn, et caetera, c'est dans un air de Guyenne et Gascogne qu'on pourra dire qu'on se cogne.

NESTOR : Lâcher des pets, facile à dire, mais ceux qui n'ont pas le ventre ballonné?

ROGER : Fallait qu'ils y pensent. En partant, j'ai fait mon plein d'air du pays. La patrie m'environne quand je déplisse le trou de mon cul.

JOJO, *apparaissant, butant contre Nestor, et faisant tous les gestes d'un soldat dans la nuit :* Moi, le malheur, c'est que chaque fois que j'en lâche un pour renifler l'odeur de la mairie, plof, y a un courant d'air, et qui sait qui va en profiter?

ROGER, *s'arrêtant soudain, et se retournant :* On l'attend?

NESTOR, *butant contre Roger :* Il n'a qu'à suivre. Tout juste si on ne le porte pas en chaise à porteur. Déjà exempt de sac, il se permet de flâner et d'aller pisser dans les fleurs.

ROGER, *s'arrêtant :* S'offre le luxe de choisir celles qui vont recevoir sa rosée... On peut marcher moins vite...

NESTOR, *essayant de passer :* Dans la nuit, il ne se perdra pas, il est lumineux. Ses exploits le font reluire...

ROGER : Jaloux?... Va doucement, je te dis, ou on dégringole au fond. *(Ils ont les gestes précautionneux comme s'ils étaient sur une piste très étroite et très dangereuse.)* Non, pas jaloux? Moi oui, par moments. J'envie sa froideur... Pousse pas, nom de Dieu!...

NESTOR, *frissonnant :* De loin, il me glace. Et sa gueule est gelée.

JOJO, *méchamment :* C'est lui qui la porte, sa gueule. Et d'ici peu on en aura peut-être une pareille. Tous.

LE LIEUTENANT, *il apparaît, venant de gauche :* Avancez... Prudemment, mais avancez.

ROGER : Il est loin derrière, mon lieutenant...

LE LIEUTENANT : Ne vous inquiétez pas, il va nous rejoindre... *(Amer),* il ne boite pas, lui. Il marche droit.

ROGER, *brutalement :* Mon lieutenant...

LE LIEUTENANT, *sec, avançant légèrement en boitant :* Avancez. *(Puis, d'une voix plus douce :)* Qu'est-ce qu'on peut faire de lui? On est sur le point d'entrer dans la mort. Si on s'en tire, ce sera de justesse. Sa cruauté le consume et le fait luire : il risque de nous faire repérer. *(Un temps. Tous font, très doucement, des gestes d'aveugles, sans rien toucher.)* ... Je vais me renseigner. *(Il se baisse à tâtons, il se couche sur le sol, sur la cuisse allongée d'un soldat comme s'il s'agissait d'une branche il colle son oreille, et écoute. Puis, il se redresse légèrement.)* Il vient. L'oreille collée contre la terre du sentier, je l'entends venir, tout doucement, d'une semelle feutrée à longues, à sûres foulées... *(Il se redresse tout à fait.)* Faites attention de ne pas faire rouler de pierres au fond du ravin... Avancez!... La nuit le protège, lui, pas nous... Au bout du sentier, il doit y avoir un bloc de rocher... contournez-le doucement... Vous non plus, vous n'avez pas envie qu'il vous rejoigne... (*Soudain, un coup de feu. Le Lieutenant s'affale. Maintenant, il va parler très vite comme à voix basse. Les trois soldats, plus un quatrième, Roland qui vient d'entrer, se tournent vers lui. Ils font des gestes tâtonnants qui indiquent que cette scène se passe dans l'obscurité.*) La voilà, les gars. Elle est venue, la balle. Et je meurs à tâtons... Il ne me reste plus grand-chose... La patrie est loin... Les étoiles du général, j'en étais digne, pourtant, et je n'aurai même pas reçu les pincettes de lieutenant-colonel... A boire...

JOJO, *doucement :* Il n'y a plus rien à boire.

ROLAND, *admiratif, comme s'il s'agissait d'un miracle :* Il va clamser.

NESTOR : On ne peut rien faire pour lui. Attendre qu'il ait passé, lui fermer les yeux, et le faire dégringoler dans le ravin.

Un temps.

JOJO, *d'une voix très douce :* Bien sûr, il ne sera pas en terre française, mais enfin, on peut tout de même. Puisqu'on n'a que ça... il aura l'illusion de s'éteindre dans sa cabane natale... (*Il hésite.*) Toi, Roger, si t'as des gaz de rab, et les autres aussi... on pourrait lui en lâcher une bouffée.

ROGER, *radin :* Moi... J'ai pas plus que ma ration.

JOJO : Y a pas longtemps, tu disais...

LE LIEUTENANT, *d'une voix mourante :* A boire...

NESTOR : C'est un devoir qu'on doit remplir. S'il n'est pas enseveli en terre chrétienne au moins qu'il respire en mourant un peu d'air de chez nous...

NESTOR, *toujours plus radin :* Rien. Il ne me resterait rien que ça, quelques bulles qui crèvent dans les replis de mes tripes. Après, il me restera quoi? Le ventre plat. Plat! Parce que je sais ce qu'est la générosité et la magnificence. Si on s'y met tous, c'est des funérailles solennelles qu'on va lui offrir. Que ça embaumera la Gascogne jusqu'à deux lieues à la ronde.

JOJO : Parti de haut, il est devenu un comme nous. Et puisqu'on n'a que ça à lui offrir, que ce soit de bon cœur.

ROGER : En lui, il a peut-être ce qu'il faut? Qu'il fasse l'effort...

NESTOR : Faut être humain. On ne peut pas demander à un mourant...

Un temps.

ROGER, *avec un geste rageur :* J'ai compris. Tirez-le. On va le mettre à l'abri d'un rocher, et lui faire respirer l'air du Lot-et-Garonne...

ROLAND : Moi, je suis des Ardennes.

ROGER : Posez-le doucement, le dos contre une roche. *(Ils font comme ils disent.)* Et vos pets, lâchez-les en silence, que l'ennemi ne nous repère pas. L'ennemi est dans les environs, mais grâce à nous, il y aura dans la nuit et dans la campagne hostile, une chambre mortuaire de chez nous, avec l'odeur des cierges, le buis bénit,

le testament déchiré, une chambre mortuaire
posée là, comme un nuage dans un tableau de
Murillo... Qu'elle s'ouvre, la narine du lieutenant, et qu'en expirant... *(Ils se mettent au
garde-à-vous.)* Donc : on va lui tirer, en silence
les coups de canon réservés aux personnalités.
Chacun le sien. Visez bien ses narines. Feu.
C'est bien. *(Un temps.)* C'est bien... Chacun y
met du sien. Un petit air de France...

> *Les soldats disparaissent, coulisse de droite.*

LA MÈRE, *souriant :* Ça veut dire qu'il vient ?

KADIDJA, *même sourire :* Sera là sous peu. Et
les autres aussi. Mais c'est pas tout ça... *(Riant
plus fort.)* ... y a mes mouches. Tu sais que je
suis ici une espèce de préfète des mouches, ou si
tu veux, une déléguée responsable aux mouches.

LA MÈRE, *émerveillée :* Dans mon dépotoir tu
m'en enverras bien un ou deux bataillons ?

KADIDJA, *riant :* Tout de suite...

> *Elle fait un geste d'appel.*

LA MÈRE, *riant :* On a le temps. Causons un
peu. Qu'est-ce que tu penses qu'ils vont faire, en
bas ?

KADIDJA, *riant :* Rien, les malheureux. On leur
a trop demandé. S'enfoncer dans la dégueulasserie, ça mène où ?

LA MÈRE, *riant, et avec elle Kadidja :* Nulle
part, je le sais bien, mais c'est pour ça ! *(Elle rit
aux éclats et c'est dans des éclats de rire qu'elle dira
ceci :)* C'est les vérités... ah !... ah ! ah ! ah !...
qu'on ne peut pas démontrer ah ! ah ! *(Le rire
paraît inextinguible.)* C'est les vérités qui sont
fausses !... ah ! ah ! ah ! Hi ! Hi ! Hi ! ah ! ah !...

(Elle est coupée en deux à force de rire), c'est les vérités qu'on ne peut pas mener jusqu'à leurs extrémités... hi! hi! hi! hi! Oh! Oh! Ah! Ah! Hi! Hi! Hi!... sans les voir mourir et sans se voir mourir de rire qu'on doit exalter, c'est celles-là, jusqu'à mourir! ah! ah! ah! hi! hi! hi! hi! Ho! Ho!

KADIDJA, *riant plus fort qu'elle :* Jamais personne ne pourra les appliquer! Ah! ah! ah! ah!

LA MÈRE, *se roulant par terre à force de rire :* Jamais!... Jamais!... Elles doivent... il... el... lles... doivent ah! ah! ah! ah! ah! hi! hi! hi! hi!... elles doivent chanter et faire mal à la tête!

Elles se tordent de rire sur le sol, jusqu'à hoqueter.

KADIDJA : Et quand je te voyais tu ne voyais pas! ah! ah! déconner comme jamais agent technique, déconner à t'entendre... ah! ah! ah! hi! ah! hi! aux ronces parler de ton homme et qu'il était beau, le mendigot... ah! ah! homme et qu'il était beau, le mendigot... ah! ah!

LA MÈRE, *riant aussi fort qu'elle :* Et moi aller jusqu'à dire que ah! ah! ah! oh! qu'il était si beau qu'en le voyant, je me suis mise à roupiller... à ronfler... ah! ah!... ah! Et que Saïd... Saïd comme mon soulier gauche que j'ai trouvé cassé dans une poubelle!... *(Soudain, elle semble retrouver ses esprits.)* Saïd? Saïd, non, mais Leïla? Qu'est-ce qu'elle est devenue? Où qu'elle est passée, Leïla?

L'obscurité se fait sur toute la scène. Les acteurs et les paravents disparaissent dans les coulisses. Un temps d'attente. Le silence. Puis, venant de gauche, paraît Leïla, sur de hauts talons. Elle parlera très posément, sans effet. Durant toute la tirade elle restera immobile.

On ne voit que la Mère, en haut, et à gauche, en bas dans ses guenilles dorées, Warda, qui sont éclairées par des projecteurs.

LEÏLA : Si je pouvais au moins ramasser mon œil et me le recoller. Ou en trouver un autre, un bleu ou un rose! Mais le mien est perdu. *(Un temps.)* Va-t'en. *(Elle fait le geste de chasser quelqu'un.)* Va-t'en, puanteur!... Qui t'a dit de rester à côté de moi?... Enfin, assieds-toi là si tu veux, et ne bouge plus, souveraine. *(Un temps.)* Saïd, mon bon Saïd, tu m'as éborgnée et tu as bien fait. Deux yeux, c'était un peu trop... pour le reste, je le sais bien, j'ai la gale et les cuisses pleines de croûtes... *(Warda se couche par terre, et les tricoteuses, c'est-à-dire les femmes du village, avec leurs épingles à tricoter, sont déjà autour d'elle. Leïla chasse les mouches.)* Allez-vous-en, Mesdames. Vous reviendrez dans une heure, sur mon cadavre... Saïd, je comprends que tu m'aies lâchée... On t'attend au tournant pour un destin plus grand, et tu le savais. Tu devenais prétentieux, insupportable. Prétentieux comme un instituteur... Il me cherche, quand il va me trouver je serai raide, froide, gercée, vidée, ridée, une espèce de petite quéquette par une nuit de verglas... *(Elle rit.)* Pauvre Saïd! *(Elle prête l'oreille.)* C'est toi qui gueules, Saïd? Tout ça fait partie de l'histoire. Moi, je vais m'étendre pour crever... gueule toujours. Je sais que tu as réussi ton coup. Tu as été plus loin que moi dans la saloperie, mais moi, je suis quand même la femme d'un traître. Et ça mérite des égards et une couche d'impératrice. Gueule toujours, Saïd. Si tu me retrouvais tu serais obligé de me soigner, de me sauver... Et maintenant, avec un seul œil, il va falloir descendre dans la mort. *(Un temps.)* Je me demande comment je vais faire? Parce que, voilà la question, est-ce que la mort est une dame, une dame qui viendra me prendre, ou est-ce que c'est un endroit où il faut aller. Difficile de savoir... *(Un long silence. Ululement de la chouette.)* Oui... c'est ça... Comment? Par où?... Oui... oui, ne soyez pas trop brutale... oui. Là... là où il y a de la lumière? Bon. *(Un cri.)* Ah! merde, je remonte! Je reflotte à la surf... non?... Non? Je descends, vous croyez... *(Elle commence à reculer vers le fond.)* Vous voyez... Je remonte... roulis... c'est le creux... d'une vague de temps... Tiens, plus rien. C'est le fond?... Je remonte... et je reflotte à la surf... non? Non. Bon, si vous le dites, c'est que c'est vrai puisque tout commence à être vrai... bien... Voilà. Enfonçons encore avec les deux épaules.

Elle s'enfonce définitivement dans sa robe qui était faite de façon — sorte de crinoline — qu'elle puisse, vers la fin, s'y noyer. La lumière revient en scène.

Commentaires du quatorzième tableau

Le metteur en scène doit mettre au point une façon de frissonner et de s'amincir le long du paravent, de façon à bien donner l'impression qu'il pleut, et qu'il pleut de l'eau.

Warda, après qu'elle a déchiré ses jupons, deviendra un véritable monstre, de haine et de tristesse.

QUINZIÈME TABLEAU

Les paravents seront disposés sur deux étages. En haut, encore ces très nombreux paravents blancs, que traverseront les Morts. En bas, sur le plancher de scène, un paravent non éclairé, vers la gauche : ce sera le bordel. Autour d'un cadavre de femme, six femmes tricotent en silence, visibles malgré la légère obscurité qui règne à ce niveau de la scène. Tous les morts et les mortes, qui sont arabes, sont agités du même tremblement, sauf Si Slimane.

BRAHIM : Ce que j'ai emporté de la vie, ce qu'il m'en reste, c'est mon tremblement, si on me l'enlève, je ne suis plus rien.

SI SLIMANE, *toujours souriant :* Vous n'aviez que la tremblote dans votre vie ?... ou bien, vous n'en aviez pas assez... Les morts sont morts.

KADIDJA : Pas tout à fait, puisqu'ils viennent mourir toujours plus.

SI SLIMANE : Vous en savez plus long qu'eux sur le mal qu'on peut faire dans la mort. *(Méditatif.)* Oui, ici on meurt toujours plus, mais pas comme là-bas...

De très loin, visibles derrière les paravents, arrivent des ombres, puis ces ombres crèvent le papier, passent à travers : ce sont les soldats, guidés par le Général. Ils traversent la scène après un court arrêt, fixent sans les voir les Arabes qui tremblent et sortent à gauche.

LE GÉNÉRAL, *riant :* Eh bien!

LES ARABES, *ensemble, sans cesser de trembler :* Eh oui!

LE GÉNÉRAL : Par exemple!

Il passe et sort à gauche.

LE LIEUTENANT, *riant aussi et qui suit le Général :* Eh bien!

LES ARABES : Eh oui!

LE LIEUTENANT : Par exemple!

LES ARABES, *souriants, mais tremblants :* C'est ça!

LE LIEUTENANT : Et on fait tant d'histoires! *(Il rit béatement.)* Le plus dur *(Il rit un peu plus fort.)* ... c'était de m'arracher de ma patrie soudain m'envahissant... *(Il rit encore)*, et qu'il m'en reste même un peu accroché à mes poils de nez...

SI SLIMANE, *souriant :* C'est bien, qu'elle ne soit plus qu'une odeur accrochée à des poils de nez.

Le Lieutenant passe et sort à gauche.

ROGER, *riant :* Eh bien!

LES ARABES : Eh oui!

ROGER : Par exemple!

Il passe et sort à gauche.

PRESTON, NESTOR, JOJO, *ensemble et riant :* Eh bien!

LES ARABES : Eh oui!

PRESTON, NESTOR, JOJO : Par exemple!

Ils passent et sortent à gauche. Viennent ensuite une dizaine de soldats qui disent la même chose et sortent. Les Arabes ont répondu comme plus haut. Un silence. Les Arabes cessent de trembler.

LA MÈRE, *riant :* Par exemple!

KADIDJA : Ils n'ont même pas cherché à me faire du mal. Pourtant, ils doivent savoir...

BRAHIM : Moi... malgré mon tremblement, je les ai regardés, et je ne les reconnaissais plus. Ma parole, ils avaient l'air doux et... peut-être... bon.

SI SLIMANE : Ils le devenaient... avec étonnement.

KADIDJA : Il est bien temps!

LA MÈRE, *riant avec douceur :* Je voudrais de ses nouvelles.

SI SLIMANE, *riant :* Leïla? Elle coule vraiment doucement. Elle meurt comme elle a vécu : à la paresseuse.

KADIDJA, *riant :* L'œil du revolver a le regard du serpent.

Soudain apparaît le Sergent, mort bien entendu. Il est tout blanc, le visage passé à la céruse, comme les autres morts, mais avec une longue traînée de sang très rouge, de son front au menton. Toute sa poitrine est couverte de décorations multicolores et sonores.

LE SERGENT, *riant :* Eh bien!

BRAHIM, *riant aussi :* Eh oui!

LE SERGENT : Par exemple !

BRAHIM : C'est ça !

LE SERGENT : En on fait tant d'histoires !...

BRAHIM : Pourquoi pas ?

LE SERGENT, *riant plus fort :* .. et que ma mort
en serait gâchée... *(Il rit.)* on me l'a assez répété
et voilà que je ris de bon cœur, comme une
gamine... Ma mort gâchée ? *(Il rit et tous les
morts rient avec lui.)* J'ai été brutal dans mes
manières, mais, bordel de Dieu, un mâle a ce
qu'il faut pour ça... ah ! ah ! ah ! *(Il rit et tous les
morts, de plus en plus fort.)* ... mais bordel de
Dieu, j'honorais les hommes, je dis, moi, sergent
Machin, que c'est quand ils avaient la trouille,
les chocottes et le cul foireux... ah ! ah ! hi ! hi ! le
cul ! ah ! ah ! ah ! ah ! hi ! hi ! hi !... le cul ! hi ! hi !...
le cul foireux, que les hommes perdaient ce qui
les rend dégueulasses... *(Lui et les morts se
tordent de rire.)* ... Leur œil !... leur œil !... bleu
ou noir... leur œil dans la colique de la trouille,
les vaches, leur œil !... *(Tous rient de plus en plus
fort.)* ... leur œil laissait tout passer !... Sans
compter que j'étais toujours suivi dans la nuit et
dans le soleil par celui qui allait devant moi.

> *Il se tord de rire et recule un peu, mais il reste
> là. Les autres morts continuent à rire et se
> remettent de cette crise, peu à peu.*

SI SLIMANE, *riant toujours et haussant les
épaules :* C'est une façon de voir. *(Un temps.)*
Mon image à moi est déjà gommée... Le temps
passe de moins en moins...

LA MÈRE, *riant :* ... elle va sûrement couler au
fond, Leïla. Elle n'a jamais su faire un geste

pour se tirer d'affaire! Mais je te parle de Saïd. Qui le voit?

SI SLIMANE : Il a loupé son coup... mais ne t'énerve pas... rien de perdu... Il a fait ce qu'il a pu... une fois pris... interrogé... il a indiqué le sentier que prenaient les patrouilles de chez nous... mais ce jour-là... Je fonds... je suis fond...

Il rit.

LA MÈRE, *irritée :* Ce jour-là?

SI SLIMANE : Oh, je t'en prie, laisse-moi m'évanouir tout à fait... Je fonds... Je suis fondu...

Il rit.
Soudain, on entend des coups de marteau. Les femmes ne semblent pas y prendre garde : elles tricotent. En haut, les morts s'émeuvent.

KADIDJA : C'est toujours cette cage qu'ils clouent. Ils vont avoir bientôt fini.

LA MÈRE, *souriant :* Je vois très bien comment elles vont l'achever Warda. Il resta encore du sang après leurs aiguilles à tricoter. Pour des Anglaises, elles ne sont pas très rusées. *(Nouveaux coups de marteau.)* Pourtant le spectacle mérite le coup d'œil ; sur cette dame qui avait su devenir la plus savante putain du monde, six tricoteuses se sont précipitées. Toutes, elles étaient un frelon géant armé de six dards d'acier inoxydable. J'ai tout vu : le frelon fonçait sur la fleur, et lui crevait la peau du ventre et celle du cou; le sang qui gicle et qui les tache, et la malheureuse qui se donne un mal fou pour rendre son dernier soupir... *(Un temps.)* Leïla ne vient toujours pas! Il faudrait faire quelque chose pour l'aider...

KADIDJA : Ne t'impatiente pas. Je la connais, elle a toujours pris ses aises. Tu croyais la mener, c'est elle qui vous menait... Tout pourrissait sur elle, autour d'elle.

Un temps.
Enfin, derrière les paravents du haut, apparaît une ombre. L'ombre s'approche.

KADIDJA : La voilà!

L'ombre s'approche encore, puis le personnage traverse le dernier paravent : c'est Warda, telle que l'ont parée Malika et Djemila. A la main, elle tient la cagoule noire de Leïla. Elle paraît étonnée.

WARDA, *riant doucement après s'être délicatement débarrassée des longues épingles plantées dans ses dents :* Eh bien!

LA MÈRE, *sèche :* Et ma bru?

KADIDJA : Eh oui!

WARDA : Par exemple!

LA MÈRE : Arrête un peu, bécasse. Tu es à peine éteinte. Là-bas, tu bouges encore. Et tu t'émerveillais moins. Où as-tu vu Leïla? Cette idiote est morte de faim et de froid, d'on ne sait quoi et elle n'est pas encore arrivée.

WARDA, *souriant :* Est-ce que je peux savoir? *(Elle se penche et regarde en bas.)* Mais, c'est vrai que je n'ai pas encore rendu mon dernier soupir. Pourvu qu'elles aient l'idée de m'achever. *(Montrant la cagoule noire.)* J'ai trouvé ça en venant.

LA MÈRE : Où?

WARDA : Est-ce que je peux savoir! Dans le

tiroir d'une commode, je suppose. Derrière, dessous ou dedans, pas de Leïla. *(Elle secoue la cagoule, comme le ferait un prestidigitateur.)* Zéro.

LA MÈRE, *timidement* : Et Saïd?

WARDA, *riant* : Il les dégoûte de plus en plus.

LA MÈRE, *joyeuse* : Tu es sûre?

WARDA, *crachant* : Sur la tombe de ma mère! Et pour ton Saïd, je crois que toute la population le recherche et que d'ici peu ça sera sa fête à Saïd!

> *Tout le monde rit de bon cœur.*

LA MÈRE : J'ai assisté au début de ta mort. Ces dames...

WARDA, *l'interrompant* : Non. *(Un temps.)* Je me suis offert la mort de mon choix. Comme tout, dans ma vie, aurait été choisi s'il n'y avait pas eu cette stupide mélasse où je me suis retrouvée retroussée, mes jupons d'or décousus, mes épingles tordues, mes os ébréchés, mes clavicules déviées... Mais ma mort elle est bien de moi. J'ai poussé si haut la perfection de mon art...

LA MÈRE, *souriant* : Regarde, idiote, ce que ces dames font à la perfection dans l'art!

> *Elle montre le plancher où sont réunies les six femmes.*

WARDA : ... qu'un soir — ce soir — je suis sortie dans la nuit, et l'air frais, tant j'étais fragile et si peu destinée à vivre à ciel ouvert, que l'air frais, dis-je, en cognant sur mon front, m'a tuée. Voilà. Et je suis venue d'un pas pressé, accrochant au passage cette nippe.

Elle montre la cagoule et la jette.

LA MÈRE, *regardant en haut :* Eh bien non, raconte ce que tu veux, mais tu n'es pas encore morte : tu râles.

Durant toute la scène qui suit, les trois femmes regardent, très intéressées, anxieuses même, ce qui se passe en haut, c'est-à-dire sur terre.

La lumière diminue, cependant qu'en bas, le paravent s'est éclairé un peu. Ce deuxième paravent représente la façade du bordel. Il sera transparent de façon qu'on puisse voir, à un moment donné, ce qui se passe dans le bordel. Voici comment seront vêtues les femmes qui sont groupées devant le bordel :

Chigha : en noir.

Lalla : en vert.

Aïcha : en rouge.

Srira : en jaune.

Habiba : en violet.

Aziza : en orangé.

Les femmes qui, toutes, tricotent debout des tricots noirs, très larges, sont réunies devant le bordel. Warda, morte, est étendue sur la place.

Mais en haut, les morts sont encore là, et visibles, malgré la lumière plus faible.

Le rôle de Warda, en bas, sera tenu par une seconde actrice.

CHIGHA, *à Warda morte :* Tes colognes! Ton chanel! Ton rouge, ton noir, ton rose! Tes boucles d'oreilles! Tes épingles à chapeau! Ton style! Tes dessus, tes dessous! Tes bagues, tes fleurs! Mon homme en rapportait toujours un

Idem.

peu à la maison et par eux tu étais là, dans ma chambre et jusque sous mon lit et dans mon lit, sur mon lit, autour du lit et dans l'armoire à glace. *(Aux autres femmes :)* Tricotons. Tricotons. N'arrêtons pas. Une maille par-ci, une maille par-là. Tricotons. Tricotons.

LALLA, *à Chigha :* Jamais, moi qui dois me marier, je n'aurais supporté d'offrir mon ventre à un homme allant plonger jusqu'au fond du gouffre de celui-ci. *(Elle pousse du pied le cadavre.)* Quand il en remontait son regard était perdu; sur son corps des coquillages, des moules; sur son ventre une langouste, des algues. *(Hurlant presque à Chigha :)* Qu'est-ce qu'il y rencontrait de si terrible, dites? Est-ce que mon ventre saura lui donner le même regard, le même naufrage, les algues et la langouste?

AÏCHA, *à Chigha et à Lalla :* Quand je...

SRIRA, *aux trois premières :* De la mine à la maison, mon fils ne venait jamais en droite ligne. Même s'il n'y entrait pas, autour du bordel sa marche dessinait une boucle.

Elle pousse la morte du pied.

HABIBA, *aux quatre précédentes :* En somme, tout va bien. Nos hommes sont déjà ce qu'ils étaient avant la guerre. Le mien est triste.

AZIZA, *à toutes les femmes :* Moi, je n'ai plus rien à dire, vous parlez trop bien.

Les six femmes, qui se trouvaient au milieu de la scène, reculent vers la gauche, tout en tricotant. Le cadavre reste donc seul près du mur du bordel.

Sortent de derrière le paravent Malika et Djemila. Elles sont tremblantes, apeurées. Elles s'agenouillent devant la morte et lui closent les yeux. Puis, elles la soulèvent et la portent derrière le paravent, où on les verra en transparence faire la toilette de la morte.

AZIZA, *encore visible :* Qu'est-ce qu'elles vont en faire?

LALLA, *riant :* Nous en délivrer.

AÏCHA, *à peine visible :* Je me demande ce que nos hommes vont faire? Moi, j'ai envie d'obliger le mien à y venir ce soir.

MALIKA, *derrière le paravent :* Ils y seront, Madame! Ils y seront tous!

AÏCHA : Qu'est-ce qu'elle dit?

Derrière le paravent on voit l'intérieur du bordel, très éclairé, contrastant avec la place du village où il fait presque nuit. En transparence, on voit Malika et Djemila qui ont placé Warda sur une table. Elles font sa toilette.

La nuit est complète, sauf l'intérieur du bordel où l'on voit s'activer les deux putains. Elles parent Warda, de bijoux, de fleurs. Les femmes du village reculent de plus en plus à gauche, parlant doucement, toujours en tricotant. Elles sortent tout à fait. Derrière le paravent les putains ont fini d'orner Warda. On entend encore des coups de marteau.

DJEMILA : Prends encore deux ou trois roses blanches, pour sa ceinture. Et les épingles.

MALIKA, *doucement :* Adieu Warda, ma rose! Djemila et moi on va te porter au cimetière. *(D'une voix dure :)* Et réveiller le gardien, et le payer pour qu'il creuse une tombe. Remarque que si elle en est là, c'est de sa faute, hein! Il y a quatre ans que je travaillais avec elle, on n'a jamais pu s'aimer... *(Un temps. Au cadavre de Warda :)* Si tu ne les avais pas provoquées... Tu n'as rien à nous dire? Non? Parce qu'il va falloir que je te cloue le bec.

Elle lui place entre les dents plusieurs longues épingles à chapeau.

DJEMILA : N'importe quoi peut devenir provocation.

MALIKA : En tout cas, on a maintenant une chance : celle de ne plus risquer d'être reprise par le village. On n'a plus qu'à se laisser aller. *(Au cadavre de Warda :)* Tu es morte en pleine gloire, détestée des femmes du pays...

DJEMILA : Ça va. Prends ses pieds, moi la tête. *(Un temps.)* Qu'on l'emporte.

MALIKA : Tu crois que c'est prudent de passer par les rues?

DJEMILA : Pas question. On pourrait rencontrer un client. On va couper par les jardins. Pour sauter les murs, elle fera comme nous. Allez, vas-y.

Elles se chargent du cadavre de Warda, et sortent de derrière le paravent. En sortant, elles ont éteint la lumière de leur maison. Les voici avec la morte, qu'elles mettent debout. La morte est parée d'une façon extraordinaire : une grande robe de dentelle d'or, couverte de roses bleues. Les souliers sont faits d'énormes roses rouges. Le visage de la morte est peint en blanc. Des roses et des bijoux sur la tête. Entre les dents sept très longues épingles à chapeau. Une fois debout, Djemila et Malika la soutiennent aux épaules et la font marcher, très doucement.

MALIKA, *au cadavre de Warda :* Tu es encore avec nous, ou tu es déjà loin? Tu es passée des bas-fonds sur les hauteurs?

DJEMILA : Fais attention aux fraisiers et au linge étendu.

MALIKA, *essoufflée :* C'est lent, une morte. Ça prend son temps...

Elles sortent à droite.

WARDA, *en haut :* Elles vont revenir avec des ampoules aux mains. C'est dans la caillasse qu'elles sont allées m'enterrer. *(A la Mère :)* En tout cas, si je n'étais pas tout à fait morte, une bonne pelletée dans la gueule, et me voilà prête pour l'éternité.

LA MÈRE : Mais Leïla?... Mais Saïd... Je suis tout de même inquiète...

KADIDJA : Tu as bien tort. Prends la mort en patience, et efface-toi doucement.

WARDA : Moi, j'ai commencé toute jeune : résultat, je suis morte avant terme.

LE SERGENT, *souriant aux trois femmes :* Je me mêle à vos caquets?

WARDA et KADIDJA, *souriant :* Mais pourquoi ou pourquoi pas? Vous faites partie de la famille, belle jeune fille.

LA MÈRE, *souriant aussi :* On vous a connu plus sûr de vous, face à vos responsabilités.

LE SERGENT, *souriant toujours :* C'est que je suis mort depuis trois jours et je continue à ne rien comprendre... *(Il rit. Mélancolique.)* Et moi, à la popote des sous-officiers, qui saisissais au vol les plus fines astuces !... Vous voyez comme mon œil est vide ?... Eh bien c'est que je chie.

KADIDJA : Tout le monde, une fois mort, doit se remettre de la traversée de la forêt aux bizarres feuillages... puis on se vidange. De soi-même.

LE SERGENT, *souriant :* Mais moi figurez-vous que je suis mort en chiant... accroupi, dans les feuillées, bien au-dessus du trou...

WARDA, *souriant :* Et qu'est-ce que ça change d'avec les autres décès ? Moi aussi, en venant, je me suis débondée.

LE SERGENT, *il sourira, rira et tout le monde avec lui tout le temps de la tirade :* ... dans les feuillées. J'avais d'abord regardé s'il n'y avait pas de vipères, on ne sait jamais, il n'y en avait pas. *(Rires.)* Feuillées des gradés ? Non. Un simple trou. Et... *(Il paraît inquiet.)* est-ce qu'il me poursuit encore ? *(Il regarde autour de lui, et les femmes aussi.)* Il marchait devant, en réalité, il était toujours derrière moi, à m'épier. Je peux dire que j'aurai été talonné par le lieutenant. Avant toutes choses, je scrutai la nuit : il n'était pas là. Mon froc bien descendu des deux mains, je m'accroupis au-dessus du trou. Et c'est au moment que je poussais *(Rires.)* et que mon regard vacillait, au moment je ne sais pas si vous connaissez... que je vous montre... *(Rires... il s'accroupit, soutenu par-derrière par le genou de Kadidja, et sur les côtés, comme à des accoudoirs, par les avant-bras des deux autres femmes.)* ... quand on pousse, le regard vacille, quelque

chose se voile... et... qu'est-ce qui se voile et fout
le camp? Le monde?... Le ciel?... Non. Votre
grade de sergent et celui de capitaine. Avec
tout : l'uniforme, les galons, les décorations, et le
brevet d'état-major quand on est breveté!... Et
qu'est-ce qui reste? Le vide. Je vous le dis.
(Rires.) J'ai vu des officiers en train de chier —
officiers supérieurs, officiers généraux! Leur
œil : vidé. Pas vide vidé, é accent aigu, é, vidé.
Les étoiles des képis, plus d'étoiles quand l'œil
est vidé. *(Rires.)* Heureusement, dès qu'on ne
pousse plus, quand on a fini de chier, l'uniforme
se rapplique dare-dare, les galons, les décorations, bref, on redevient l'homme d'avant. Donc,
mon étron à demi sorti — mais sur la gueule
mon air encore un peu con — j'allais cesser de
pousser, *(Rires.)* j'allais rendosser mon sergent
capital évanoui, à nouveau comprendre la beauté
des gestes guerriers — car j'étais mal à mon aise,
n'ayant pas alors vos aimables supports —
j'allais regarder le monde avec l'œil qui sait
déchiffrer les états de service, et... et?... et?...
et?... Hé, hé?... qu'est-ce qui?... qu'est-ce qui
se?... qui se?... qui se?... qui se?... qu'est-ce qui
se?... qui se passe?... *(L'obscurité se fait doucement sur les paravents du haut, cependant qu'en
bas, Djemila traverse la scène, très vite. Elle vient
de droite. Soudain elle bute et tombe.)* ...mes cent
trente-deux dents se déchaussent déjà mais à
Cahors mon nom est donné à une impasse où
mon oncle est matelassière.

> *L'obscurité est alors complète.*

ENTRACTE

SEIZIÈME TABLEAU

La scène est d'abord vide, puis occupée par des paravents disposés ainsi :

DERNIER ÉTAGE
- I – *Paravent blanc des Morts, tout en haut de la scène, à gauche.*
- II – *Paravent blanc des Morts, tout en haut de la scène, au centre.*
- III – *Paravent blanc des Morts, tout en haut de la scène, à droite.*

AVANT-DERNIER ÉTAGE
- IV – *Paravent occupant le deuxième étage, à gauche, représentant la prison.*
- V – *Paravent représentant la maison de l'Épicier, à droite.*

PREMIER ÉTAGE
- VI – *Paravent représentant le bordel, à gauche.*
- VII – *Paravent représentant la place du village, au centre.*
- VIII – *Paravent représentant l'intérieur d'une maison, à droite.*
- IX – *Paravent occupant tout le « rez-de-chaussée » de la scène.*

Les scènes qui vont suivre, jusqu'à l'arrivée de Saïd, seront données sur un rythme très rapide.

L'installation des paravents et des ustensiles décrits plus loin sera faite par les acteurs eux-mêmes, qui dessineront ce que doit représenter le paravent. Tous les acteurs sont dépeignés, se lavent, bâillent, s'étirent : c'est le matin.

I

Le paravent blanc des Morts. Dernier étage. Tout en haut près des cintres. A gauche.

KADIDJA, *parlant entre des bâillements à la coulisse de gauche :* Non, non... pour deux minutes seulement... deux minutes de mort, bien sûr... (*Elle rit.*) Faites voir? (*Elle regarde en direction de la coulisse.*) Non, l'autre... oui... celui-là me paraît mieux, à cause du velours et des armoiries. Vous pouvez nous le prêter?... Je viens le chercher... mettez un coussin rouge avec... Pas de coussin?

Elle sort, passe dans la coulisse de gauche, puis, au bout de deux secondes en ressort avec un très beau fauteuil doré, tapissé de velours rouge. Elle l'apportera devant le second paravent qui se trouve sur le même plan que le sien, au centre, près des cintres, alors que sera commencée la scène II.

II

Tout en haut, au centre de scène. Un paravent blanc, des habituels paravents des Morts.

La Mère, Warda qui a aidé la Mère à apporter le paravent.

WARDA, *riant et parlant à quelqu'un d'invisible, qui se trouve dans les cintres :* Quand j'arriverai où tu es, tu seras quoi? *(Elle écoute.)*... Hein? De toi, il restera quoi?... *(Un temps.)* Un haussement d'épaules, sans les épaules? Et de moi, un déhanchement sans ma croupe!

Elle bâille.

LA MÈRE : Laisse-les tranquilles. Ne leur réponds pas. D'autres putains sont mortes avant toi et elles n'ont pas réussi à faire bander les âmes défuntes. Oublie-les et parle du village.

WARDA, *elle s'étire en bâillant :* Comme le feu, il reprend. Et comme tu t'en doutes : grâce à nous. Grâce au bordel, il a son centre. Autour c'est la vertu. Au centre, c'est l'enfer. Nous dedans. *(Saluant Kadidja et la Mère.)* Vous dehors.

Arrive Kadidja avec le fauteuil.

KADIDJA : Assieds-toi.

LA MÈRE, *riant :* C'est trop beau, je te dis. Jamais, je n'oserai...

KADIDJA : Essaye-le... Il faut que tu sois à ton aise. Et à l'honneur. C'est de ton ventre qu'est sorti Saïd, ton cul a droit au velours.

> *La Mère, un peu intimidée, s'assied.*

LA MÈRE : Comme une baronne!... Il va paraître?

KADIDJA, *regardant en bas* : On l'attend d'un moment à l'autre.

LA MÈRE : Mais Leïla?

WARDA : Leïla? C'est triste à dire, mais je crois qu'elle a dépassé son but.

LA MÈRE : Elle n'avait pas de but.

KADIDJA : Assez sur ta bru. Le village, lui, qu'est-ce qu'il devient?

WARDA : Il t'honore. Tu es morte dans la révolte, face à l'ennemi. Autour de ton souvenir, il danse la danse de tous les jours, en t'oubliant.

KADIDJA : C'est ce qu'il faut.

WARDA : A mesure qu'on t'oublie, tu embellis... enfin, je veux dire, qu'ils t'embellissent pour n'avoir plus à penser à toi...

LA MÈRE : Et moi?

WARDA. Plus personne ne sait que tu as existé.

LA MÈRE : J'ai gagné.

III

Le troisième paravent blanc des Morts, tout en haut, à droite de la scène. Le soldat français : Pierre. Il est accroupi, et chantonne, tout en bâillant.

PIERRE, *chantant :*

Conduc, Condor!
Le ciel t'aidera
Boubor, Candoque!
Boulogne, Candor
Camp du drap d'or.

Il parle.

Et l'âne au milieu du camp qui broutait les chardons
Et broute, broute l'âne, broute l'herbe musulmane.
Je suis de Boulogne, du Camp du drap d'or.
Conduc, Condor! Camp du drap d'or!
J'ai connu les palmes, les ciels,
Les culs, les cons artificiels,
Vendus cent balles à la cantine
Pour consoler nos pauvres pines.

Le bordel est très peu éclairé. Malika tient d'une main une allumette qui flambe, de l'autre elle semble guider Hossein, un Arabe. Ils sont immobiles et silencieux. Dehors, une voix de femme crie.

LA VOIX : Honte!... Honte sur vous toutes, putains qui ne vous contentez pas d'écarter vos cuisses mais qui savez roucouler dans les oreilles des hommes! Honte!... Honte! mon pauvre gosier, à force de sonner le mot, mon gosier va se lézarder de haut en bas.

A partir du dernier honte... *tout sera crié dans un sanglot. La Voix s'éloigne. Un bruit de*

*pas au loin. Malika conduit doucement Hossein
vers la porte, c'est-à-dire la coulisse de gauche.*

MALIKA, *à voix basse :* Le cantique de chaque
nuit va se coucher. Viens... Fais attention ! Après
tout ce que je t'ai fait voir tu dois te croire
aveugle. *(Elle rit doucement.)* Tu te demandes si
c'était vrai ?

HOSSEIN : Tais-toi, putain.

MALIKA, *souriant :* En français, mon nom
signifie Reine. Si tu étais poli, tu m'appellerais
Mademoiselle Reine. Et tu me remercierais de
t'avoir fait perdre la tête pendant une heure et
demie. Tu as honte ? C'est que tu as été heureux.

HOSSEIN, *menaçant :* Tais-toi.

MALIKA : Tu es dehors. Alors, tâche de te faire
aussi liquide que possible et de couler doucement jusqu'à ta maison. Bonne nuit, petit filet
d'urine.

*Elle rit doucement. Hossein lâche la main de
Malika et disparaît à gauche. Malika revient
au paravent, mais de derrière sort un soldat
arabe (Smaïl). Malika craque une allumette et
prend en riant la main de Smaïl, qui se dégage.
Au loin, la Voix.*

LA VOIX, *dans un sanglot :* Maintenant c'est le
vice ! Autrefois vous étiez jeunes et belles,
maintenant vous êtes fripées et les hommes ne
peuvent plus s'arracher de vos tenailles...

La Voix s'éloigne.

MALIKA, *à Smaïl :* Laisse-moi te guider.

SMAÏL : Ne me touche pas.

MALIKA, *souriant :* Parce que tu es rhabillé.

Dans ta culotte et ta vareuse, tu te sens en sûreté : tu es honnête.

SMAÏL : Ta gueule!

MALIKA, *le précédant :* Viens par ici... là... doucement... Maintenant que tu t'es bien reboutonné, je te dégoûte?

SMAÏL : Oui.

MALIKA : Alors, fais sauter les boutons et les fermetures éclair? Non, tu aimes mieux t'en aller?

Il disparaît, toujours à gauche.

MALIKA, *l'appelant :* Tu as payé, avant de partir?

Elle sourit et revient au paravent. Elle allume une cigarette et disparaît.

De derrière le paravent VIII, représentant l'intérieur d'une maison, sort Lalla. Elle s'accroupit devant la cheminée et allume le feu en dessinant les flammes. Elle est vêtue d'une chemise de nuit jaune.

UNE VOIX D'HOMME, *venant de derrière le paravent :* Et mes chaussettes?

LALLA, *brossant ses cheveux et bâillant :* Dans le papier sale.

Une main passant derrière le paravent accroche une veste à un clou. Lalla rentre derrière le paravent.

De derrière le paravent représentant l'épicerie, sortent l'Épicier et son commis, un jeune garçon de quinze ou seize ans. Ils se penchent avec curiosité, puis, du bordel, sort Malika, regardant avec curiosité vers la coulisse de droite, de la prison sort un gardien qui regarde

— *comme l'Épicier* — *vers l'étage au-dessous.*

*De derrière le paravent, représentant l'inté-
rieur de la maison, sortent Lalla et son homme,
à demi vêtus : ils regardent en direction de la
coulisse de droite.*

LE GAMIN, *à l'Épicier :* Saïd ne vient pas vite !
C'est bien pour aujourd'hui ?

L'ÉPICIER, *dur :* Va peser les haricots. Ou
plutôt non, va les compter.

LE GAMIN : Je voudrais le voir.

*Au même instant, venant de gauche, alors
qu'on l'attendait à droite, paraît le Cadi,
enchaîné, conduit par un gendarme. En silence,
il traverse la partie indiquant la place du
village, puis disparaît dans la coulisse pour
reparaître aussitôt à l'étage supérieur, qu'il
traverse, et entre dans la prison. Tous les
personnages disparaissent à leur tour.*

MALIKA, *avant de disparaître :* Merde ! C'est le
Cadi !

IV

*Un paravent noir occupe toute la largeur de la
scène, au premier étage, c'est-à-dire sur le plancher
de scène. Au pied de ce paravent, une rangée de
fauteuils dorés, où dormaient :*
le fils de Sir Harold,
Sir Harold,
la Vamp,

le Général (époque du duc d'Aumale),
le Banquier,
le Reporter-Photographe,
l'Académicien,
le Soldat de Bugeaud,
le Missionnaire,
la Veuve (Mme Blankensee).

Ils sont en guenilles. Presque nus tellement leurs fringues sont trouées. Mais très décorés.

Ils dormaient, mais doucement, mollement ils se sont réveillés au cocorico! chanté par Sir Harold.

LA VAMP, *bâillant :* On aura beau dire et beau faire : les cartes postales, il n'y a que ça de vrai!... Sur toutes les cartes postales de chez nous, une église, une mairie, une rivière — avec un pêcheur à la ligne — une montagne. Et je ne parle pas des hôtels ni des restaurants...

Un silence.

LE SOLDAT : Personne — musique en tête! — n'a jamais su comme nous sur une bombe amorcée... sauter! Aux mille points de l'horizon distribuer son bras droit, sa tête, sa jambe gauche, son pied droit, le gauche... et le sang!... en gueulant : « Ils ne passeront pas! »

Un silence.

LE REPORTER-PHOTOGRAPHE, *bâillant :* C'est nous.

Un silence.

LE BANQUIER : Qui fit Monte-Carlo?

LE REPORTER-PHOTOGRAPHE : La carte postale, c'est nous. L'art photographique est né avec nous. Il mourra avec nous. Tant qu'il y aura quelque chose, chez nous, à photographier, nous survivrons. *(Un silence.)* On ne photographiera jamais assez.

Un silence.

MADAME BLANKENSEE, *au Banquier :* Les rideaux ?

LE BANQUIER : Oui, les rideaux ?

MADAME BLANKENSEE : J'ai oublié de les prendre. Encore une de mes erreurs monumentales. Ça et le coussinet de feu mon mari.

LE BANQUIER : Même s'ils le trouvent, ils ne sauront pas s'en servir. Ils le porteront le devant derrière. Les fesses sur le ventre, et sur les fesses la bedaine.

MADAME BLANKENSEE, *haussant les épaules :* Je vous dis qu'ils ont tout compris.

Un temps.

L'ACADÉMICIEN, *soucieux :* Sur quoi bâtiront-ils ? Durant tout mon séjour, je les ai bien observés : ils n'ont des souvenirs que de misère et d'humiliation... Oui, que feront-ils ? Un art peut-il naître afin d'enchâsser tant de faits qu'eux-mêmes voudraient oublier ? Et si pas d'art, pas de culture. Sont-ils donc voués à la décomposition ? *(On entend plusieurs coups de marteau.)* Et voilà qu'ils clouent la cage...

Un silence.

SIR HAROLD : Ils ont tué une innocente !

LE BANQUIER : Quelle idée aussi de l'emmener au désert !

SIR HAROLD : Où vouliez-vous qu'on l'envoie ?

L'ACADÉMICIEN : A Poitiers. *(Docte.)* Charles Martel est encore invincible en chacun de nous.

SIR HAROLD : Nous n'allons pas remonter l'Espagne et le Roussillon et leur laisser ce beau pays. D'ici peu la pouillerie qui est sur eux et en eux va s'étendre jusque sur nos orangers, nos oliviers.

LE MISSIONNAIRE : Il serait temps de vous en apercevoir, ils viennent de déifier l'abjection. Vous n'aurez jamais le courage de les vaincre.

SIR HAROLD : l'armée...

LE SOLDAT, *l'interrompant brutalement :* Ne va pas jusqu'au bout d'elle-même, c'est connu. Moi, je n'ai jamais pu aller jusqu'au bout de ma fureur, sinon je serai mort. Mort de plaisir. Au lieu de quoi, amoché, rossé, vendu, il me faudra entendre vos fantaisies. *(Il crache.)* Pays pourri! Pas de chefs! De la politique, pas de chefs.

> *On entend encore les coups de marteau.*

LA VAMP : Je suis la première à le déplorer. Un général — ou un colonel — avait-il ma main à baiser et il me faisait passer en revue son corps de troupe. J'ai eu, moi qui vous parle, jusqu'à dix-huit ordonnances indigènes.

MADAME BLANKENSEE, *amère :* Moi, Madame — ou Mademoiselle? —, je travaillais. Je n'avais qu'un boy et une femme de chambre et je faisais ma cuisine moi-même.

> *Un silence.*

LE MISSIONNAIRE : Ce qu'on peut dire avec assez de justesse c'est que nous aurons été pour eux comme un prétexte à se révolter. Sans nous, sans — osons le dire — notre cruauté et sans

notre injustice, ils sombraient. En toute honnê-
teté, je nous crois les instruments de Dieu. Du
nôtre et du leur.

LE BANQUIER : Nous n'avons pas dit notre
dernier mot. Et nous, nous avons au moins la
possibilité de nous retrancher derrière notre
noblesse ancestrale et derrière notre noblesse
morale. Tout est gagné et depuis longtemps.
Eux qu'ont-ils donc? Ils n'ont rien. *(Au Général :)* Surtout ne leur accordez jamais la possibilité d'être des héros : ils oseraient s'en prévaloir.

LE GÉNÉRAL : C'est pourquoi nous attaquons
les nuits sans lune. Invisibilité totale. Pas question de viser le trou du cul d'un héros.

LE MISSIONNAIRE : Ils sont capables de trouver
pire.

LA VAMP : N'empêche que mes cuisses, ils
savaient les regarder. De loin, bien sûr. *(Elle
rit.)* Pas touche!

LE MISSIONNAIRE : La voie tendre leur était
refusée. Ils exigent la périlleuse.

MADAME BLANKENSEE : Vous faites bien du
chichi à propos de quelques pouilleux...

LE MISSIONNAIRE : C'est que je connais — mais
pas nous — le pouvoir des poux...

MADAME BLANKENSEE : J'en ai souffert, figurez-
vous et je me suis nettoyée. Il existe des
produits.

LE BANQUIER : Oui. Il n'y a pas de honte à ça,
ma femme aussi en a attrapé. Où ça? Dans la
ville indigène.

LA VAMP : C'est que plus ils sont sales plus je
suis propre. Qu'ils prennent sur eux tous les
poux du monde.

LE MISSIONNAIRE : C'est ce que je voulais dire.

MADAME BLANKENSEE : Alors, si c'est ça, il fallait le dire.

LE MISSIONNAIRE, *récitant :* Comme la mer se retire, eux ils se retirent de nous, emportant avec eux et sur eux, comme des trésors, toutes leurs misères, leurs hontes, leurs croûtes... comme la mer se retire, en nous retirant en nous-mêmes, nous retrouvons notre gloire, notre légende. Ce qui était détritus, ils l'emportent. Ils nous ont passés au peigne fin.

LE BANQUIER, *docte :* Ils polarisent.

Un silence.

LE SOLDAT : Si on avait eu des chefs !

Coups de marteau. Tous se taisent, et retrouvent leur somnolence.

V

Le paravent représente l'intérieur du bordel que nous avons vu au début.

Malika. Elle va à droite du paravent, elle parle et semble regarder quelqu'un qui descendrait.

MALIKA : Tu descends du Ciel ou tu remontes de l'Enfer ? Fais-toi léger si tu ne veux pas qu'on sache que tu viens nous voir... *(Paraît Malek, un troisième Arabe.)* Donne.

Elle tend la main, mais Malek sort en courant. Malika rit. La lumière s'allume. De

derrière le paravent, très dévêtue sort Djemila.
Toutes les deux se tiendront debout, dans leurs
jupes empesées, et se parleront posément. Par-
don : Djemila tient un verre et une brosse à
dents. Durant le dialogue, elle se nettoiera les
dents.

DJEMILA : Ils sont sortis tous les trois?

MALIKA : Oui, mais il faut voir leurs gueules
nues. Ils se servent de la nuit comme d'une
voilette. Comme Leïla de sa cagoule. Et saouls
ils se servent de l'ivresse comme d'une voilette.
Pour nous, le cercle s'épaissit... enfin, je l'espère.
Tu as aussi cette impression?

DJEMILA : Je ne l'ai pas connu avant, j'étais à
Bordeaux, mais je trouve que ça va assez bien.
Y a du solide autour du bouic.

MALIKA : Ça devient de plus en plus épais. La
boulangère ne me sourit plus en me rendant la
monnaie, et je n'ose plus rien dire, j'irais trop
loin, je deviendrais trop belle. Dans deux ou
trois jours, je ne pourrai même plus aller à la
poste ni nulle part.

DJEMILA : On aura eu du mal...

MALIKA : Idiote! Tu vas parler comme eux
quand ils sortent, maintenant? Si tu n'as pas la
force, ne fais pas la pute.

Elle sort deux cigarettes de sa poche, elle en
allume une et tend l'autre à Djemila.

DJEMILA : Excuse-moi.

MALIKA : Car moi, je me sais de taille à porter
sur mes épaules le bordel tout entier. Au fond,
c'est par moi que tout est venu.

DJEMILA : Comment vous vous y êtes prises?

MALIKA : On ne pouvait guère insulter le monde, c'était trop brutal. L'époque, tu t'en aperçois, n'est pas à la rigolade, alors on s'est donné du mal pour inventer au lit, avec les hommes. Ils ont dû s'en parler les uns les autres et peut-être qu'il était écrit sur leurs gueules, le bonheur qu'on leur donnait ici.

> *En haut, un dialogue bref a repris.*

LA MÈRE, *à Kadidja :* Je suis trop émue, je n'ose pas regarder. Est-ce qu'il y a du nouveau ?

KADIDJA : Oui. C'est Ommou qui a pris notre relève, la tienne et la mienne, et c'est elle qui va l'amener.

> *Le Sergent qui était accoudé au fauteuil de la Mère, bâille, puis il montre Malika, et prend une pose ridiculement avantageuse.*

LE SERGENT, *rieur :* T'as raison, et j'admire. Moi aussi j'étais une belle garce. Toi et moi, on n'aurait pas pu s'accorder, sauf pour faire chier le monde...

MALIKA, *au Sergent mais en regardant Djemila :* Avec moi tu n'aurais pas eu trop de tout ton héroïsme.

LE SERGENT, *à Malika :* Je ne suis pas roublard, chérie, je suis, tellement je suis fin, je suis roublarde.

MALIKA, *même jeu :* Je suis plus fort et plus dur que...

LE SERGENT, *même jeu :* Je suis plus tendre et plus douce que...

MALIKA : Je suis plus sec et plus froid... que...

LE SERGENT, *dans un grand cri :* De ma bouche à la tienne, nous pourrions tendre encore, de si loin que nous sommes, des fils de salive, si fins et si brillants, que la Mort...

WARDA, *riant au Sergent* : Je l'ai eue sous mes ordres...

> *La Mère soupire. Le dialogue entre Malika et Djemila reprend.*
>
> *On entend un cri, comme un râle, dans la coulisse.*

DJEMILA : Tu l'entends !

MALIKA : C'est Ommou qui délire... elle est à l'agonie et c'est elle qui doit recevoir Saïd sur la place. On va sûrement l'amener en chaise à porteurs.

DJEMILA : Continue tes explications.

MALIKA : Autrefois — je te parle d'avant — les femmes n'avaient pas peur de nous. On faisait un travail honnête. Les hommes baisaient comme à la maison, mais cette fois-ci, ça change, on les rend heureux comme ils le seraient en enfer.

DJEMILA, *attentive* : Alors ?

MALIKA : Alors, passe-moi la tienne. *(Elles échangent leurs cigarettes.)* Merci, chérie, ils ne sont plus venus chez nous comme on va chez des voisines, mais comme on va au bordel en rasant les murs, en sortant quand la nuit est épaisse, en mettant de fausses barbes, en se déguisant en vieilles femmes, en passant sous la porte, en traversant les murs, en tournant autour sans entrer, en portant des lunettes noires, en faisant semblant de se tromper, en racontant qu'on vend ici des tracteurs et des lacets, en se collant un nez en carton, en reculant pour voir si on les voyait, mais tu penses, à force qu'ils se rendent invisibles, qu'est-ce qui étincelait : le bordel.

DJEMILA, *riant* : Ils l'astiquaient !

MALIKA : Comme le soldat sa gamelle. Et nous, on regagnait enfin notre solitude... et notre... et notre... et notre vérité. *(Soulagée.)* Ç'a été dur. Il a fallu inventer. Trouver de nous-mêmes. Au début on ne savait rien. Mais Warda, la plus perverse...

DJEMILA : On sait où ça l'a conduit... *(Un temps.)* Il faut que j'aille chercher des graines pour les pinsons. Toi...

MALIKA : J'ai une douzaine de serviettes à rincer et à passer au bleu. En attendant qu'il se montre...

> *Djemila disparaît derrière le paravent. Malika reste droite, regardant devant elle comme sans voir.*

LE GAMIN, *commis de l'Épicier* : Fais comme moi, reste les cuisses croisées, ça les reposera.

MALIKA, *au Gamin, méprisante* : Repose-toi aussi, morveux. Dans peu de temps tu auras besoin de marner dur si tu veux que je les écarte.

> *Elle crache et reprend son apparente rêverie.*

LE GAMIN, *il siffle* : Depuis un moment, je me sens surtout attiré vers les Suédoises.

VI

Intérieur de la maison.

LE MARI, *enfilant sa veste :* Ça te gêne qu'il y ait des putains? Ça te gêne que le Cadi soit un chenapan?

LALLA : Je ne dis pas que ça me gêne... *(Un temps.)* Tu rentres à midi ou tu restes sur le chantier?

LE MARI : Je rentre.

LALLA : Tu m'as dit hier que tu...

LE MARI : Rentre...

LALLA : Tu m'aimes?

LE MARI : Onze kilomètres! C'est la preuve? La preuve par la peau. Ou non?

Même cri que tout à l'heure, dans la coulisse et la voix d'Ommou.

VOIX D'OMMOU : C'était ma paire!... c'était ma paire de couilles, les petits paquets d'arsenic que je portais attachés sous mes jupons, pour aller empoisonner l'abreuvoir!...

LE MARI : Encore la vieille... Et on parle de l'amener sur la place... On lui fait des piqûres. On la dope...

LA FEMME, *admirative :* Elle va mourir en colère.

Au paravent du bordel, Djemila passant la tête.

DJEMILA, *à Malika :* Tu vois que tout n'est pas fini, même pour nous.

LE GAMIN, *riant :* Il lui faut trois bâtons, à la vieille : deux cannes qui la soutiennent sur terre et son cri qui l'attache au ciel.

Il rit.

LALLA : Tu m'aimes ?

LE MARI : Monte me le demander.

Lalla, s'accrochant à sa taille, se relève comme en grimpant le long de son mari. Elle est tout contre lui.

LALLA : Tu m'aimes ?

LE MARI, *se dégageant en riant :* A midi et demi, devant la porte, un jeune oranger descendra de vélo.

Il sort, passant derrière le paravent. Lalla se place devant son miroir et se peigne.

Au paravent du bordel, Malika demeure rêveuse.

MALIKA, *à Djemila, invisible :* Tu as rapporté les graines, pour les pinsons ?

LALLA, *sans cesser de se regarder dans le miroir :* A midi, tu seras là, avec tes branches et tes fruits.

VOIX D'OMMOU, *dans la coulisse :* Plus rien à sauver ?... *(Un rire énorme.)* Mon petit tas d'ordures, puisque c'est lui qui nous inspire !

LA MÈRE, *riant à Kadidja :* La forêt traversée, elle va nous arriver la vieille vraiment toute nue !

VII

*De derrière le paravent représentant la prison
sort le Cadi accompagné du Gardien. Le Cadi sort,
comme poussé brutalement.*

VOIX DU GARDIEN, *hurlant :* ... Ou je vais te
botter le train!... Viens ici!... Cours pas, ou je te
rattrape et tu prends une volée!...

LE CADI, *se retournant :* Je vous jure...

LE GARDIEN, *apparaissant :* Sur quoi? Tu n'as
ni père ni mère pour être un pareil voyou...

LE CADI : Qu'on me prête une mère pour une
minute... Qu'une femme, pour une minute,
accepte d'être ma mère et je jure sur sa tête!

LE GARDIEN, *dur :* Déshabille-toi. (*Un temps,
durant lequel le Cadi commence à se déshabiller.*)
Je veux te voir nu. (*Un temps.*) Après je te
mesure et j'inspecte, j'inventorie ton derche.
Rassure-toi, ce n'est pas que j'aie envie de me
rincer l'œil, mais tu entreras nu. La porte, tu la
passeras nu. (*Le Cadi vient d'enlever sa veste.*)
Où tu l'as trouvée, ta veste verte? Tu as peur de
me le dire? Mais à moi ce que tu diras ce ne sera
jamais des aveux. Où trouvée?

LE CADI, *dénouant ses souliers :* Volée.

LE GARDIEN, *examinant la veste :* Les détenus
vont se foutre de ta gueule : tu arrives trop tard.
En ce moment on vole en battledress et en
souliers noirs. Chaussettes achetées?

LE CADI : Volées.

LE GARDIEN, *il hausse les épaules :* Je veux te recevoir nu. Fous dans un coin ton fatras. La porte, tu la passeras nu : tu seras en prison. Nu, tu seras un homme en prison. Alors je t'enverrai dans les pattes ton fatras. Tu pourras t'habiller, ça n'aura plus d'importance.

LE CADI : Il y a d'autres voleurs ?

LE GARDIEN : Tu n'imagines pas qu'on n'emprisonne que les voleurs ? Enlève ton pantalon et passe là. La prison est sur la colline. (*Il le pousse derrière le paravent.*) Il ne faut pas que les jeunes filles te voient nu te découper sur le ciel vert.

Soudain, le Mari, tenant son vélo, apparaît près du paravent représentant l'intérieur de la maison. Il est essoufflé. Il crie à Lalla.

LE MARI : Il arrive ! Viens voir.

Tous les personnages : le Cadi, le Gardien, l'Épicier, le Gamin, Lalla, Djemila, Malika, la Mère, Kadidja, Warda, Pierre, se retournent ou se penchent pour voir qui va venir au centre de la scène, là où est censée être la place du village. Les Européens, en bas, se lèvent et se retournent à demi pour voir la scène. On attend. Enfin, arrive Ommou. La place du village s'est remplie des éclopés qui lisaient des affiches.

VIII

Arrivée de Saïd.
Vient d'abord Ommou, soutenue par deux cannes, et par Bachir et Ameur. Elle est très pâle.

*Visage et mains passés à la céruse. Une sorte de
cadavre porté par deux cannes rouges. Souliers
noirs. Robe noire. Cheveux blancs, cérusés. Et voix
blanche, pourquoi pas? Elle regarde au loin, en
plissant les yeux, en direction de la coulisse de
droite et comme si elle devait suivre quelqu'un qui
vient de loin, elle fait un quart de cercle en
direction du fond de la scène.*

OMMOU : Mais c'est un nain!

BACHIR : Parce qu'il est encore loin.

OMMOU : Je l'ai connu grand... et c'est tout ce
qu'il en reste... il a rétréci. *(Elle crie.)* Allons,
approche!... Arque, arque un peu!... Et passe à
l'ombre, le soleil va encore te faire fondre...
dégourdi...

AMEUR : Vous voulez vous asseoir?

OMMOU, *sèche :* Non.

LE GAMIN : On va tirer des coups de canon?

OMMOU, *à Saïd au loin :* Prends à gauche...
non... non, à gauche... *(Aux hommes qui l'entou-
rent :)* Il est comme moi, il ne reconnaît plus la
gauche de la droite... Il a peut-être tourné à
droite et je n'en sais rien...

BACHIR, *méchamment :* On se charge de le
ramener dans la voie droite.

OMMOU, *à Bachir :* Tu sais où elle mène la
voie droite?... Et des bêtes qui n'ont pas de
noms... qui n'ont pas de couleurs... qui n'ont pas
de formes... et qui ne sont rien... *(Elle crie.)*
Presse-toi un peu. *(Aux hommes qui sont là :)*
Tiens, il est presque aussi grand que lui.

SALEM : On dirait qu'il se voit déjà ligoté,
ficelé...

Il rit et tout le monde, à tous les étages —
sauf les Européens — rit avec lui.

OMMOU, *elle fait avec sa main le geste d'appeler*
un poussin : Petit... petit... viens... viens... allons,
ne fais pas d'histoires. On ne te veut pas de mal,
on veut t'empailler...

AHMED : L'empailler vivant? Moi, je me propose...

OMMOU : On examinera toutes les proposi-
tions. On retiendra la meilleure. *(A Saïd,*
toujours invisible :) Approche.

LALLA, *regardant en direction de Saïd invisible :*
Il a toujours son air gobe-mouches. J'ai envie de
l'acheter pour le poser à côté de mon garde-
manger.

En haut, Nedjma.

NEDJMA : Avec un comme ça Leïla avait des
nuits calmes. Pas comme moi.

SALEM, *riant :* Avec une comme toi c'est ton
homme qui les a calmes, ses nuits.

Tout le monde rit.

NEDJMA : Mais c'est de toi — on le dit — que
ton âne est enceinte.

Rires.

AHMED : C'est d'un mulet que l'âne va accoucher.

OMMOU : Continuez, mes belles! C'est comme
ça qu'on doit le recevoir, l'enfant prodigue.
Dépensez-vous. N'épargnez personne. *(A Saïd,*
toujours invisible :) Toi ne te presse pas. On a le
temps... Le pauvre, sur ses pattes usées, plus

capable d'arquer. *(Aux autres :)* Laissez-lui la
place. Poussez-vous. Poussez aussi les maisons et
les jardins. *(Elle déplace un paravent.)* Et tout le
pays s'il le faut pour recevoir solennellement
l'enfant du pays. Poussez la nuit... repoussez les
roues des planètes jusqu'au bord de la roue du
ciel et qu'elles tombent dans le néant pour nous
faire place nette!... Viens... allons... encore trois
marches... encore deux... une... là... *(Entre
Saïd.)* Salue. *(Saïd salue en se découvrant.)* Eh
bien?

SAÏD : Eh bien, me revoilà... j'étais pas tellement loin. *(Tout le monde éclate de rire.)* Vous
m'attendiez?

BACHIR : On voulait te faire une fête. On la
prépare Ici et chez les morts. *(Grave.)* Tu nous
as été bien utile.

SAÏD, *avec noblesse :* Je m'en doute. Mais je me
suis donné beaucoup de mal et je voudrais bien
prendre un peu de repos.

NEDJMA, *riant :* Et si tu allais te balancer au
bout d'une corde?

SAÏD : Ce ne serait pas de refus : entre ciel et
terre...

OMMOU : On verra tout à l'heure ce qu'on fera
de toi, mais on devait te recevoir et te présenter
nos devoirs. Tu as besoin d'hommages. Et moi
d'aspirine. Mon aspirine! *(Bachir lui tend deux
sachets qu'elle avale.)* Depuis pas mal de temps
tu tournais en rond autour du village...

SAÏD : Je m'étais perdu.

OMMOU : A mesure que tu te perdais dans les
pierres et dans les bois, tu t'enfonçais dans une
autre région où nous ne pouvions pas facilement

descendre. Bien qu'on ait fait tout notre possible : colère, chagrin, insultes, la fièvre — j'ai
quarante et un, huit dixièmes! — le délire...
comme tu me vois je bats la campagne et je
traverse les bois! *(Elle rit.)* En nous montrant le
chemin, toi et ton admirable compagne vous
nous avez enseigné comment on doit se perdre...

> *Elle rit encore.*

SAÏD : Pour me juger...

AMEUR, *riant :* Il n'y a plus de juge : il n'y a
que des voleurs, des assassins, des incendiaires...

AHMED : A côté de Saïd, le Cadi est encore un
juge!

OMMOU : Ne tremble pas comme ça, on ne va
pas te faire de mal. Pour la trahison tu as fait ce
que tu as pu, et là on est obligé de dire que tu
n'as pas réussi grand-chose. *(Tout le monde rit.)*
Je sais, je sais, l'intention était bonne. C'est
pourquoi nous en tiendrons compte. Mais te
juger est devenu impossible. Si personne n'a été
aussi loin que toi...

NACEUR, *comme outragé, et avec emphase :* A la
chasse, moins souvent le tireur peut voir toutes
ses plumes — la mouette ou l'albatros — neiger
dans le ciel, comme moi j'ai fait voler, s'abattre,
neiger dans ses voiles, ses jupons et ses ailes...

OMMOU, *à Naceur :* La petite communiante, la
chérie? Tu l'as tirée et descendue dans la rage,
Saïd, c'est autre chose. Il était seul. Et si nous
avons pu aller jusqu'au bout, ou presque, de nos
ivresses, sans souci des regards qui nous
jugeaient, c'est parce que nous avions la chance
de t'avoir — pas comme modèle, non, pas

comme modèle ! — de t'avoir toi, le couple que tu étais avec Leïla... A propos, Leïla ?

SAÏD : Leïla ?

OMMOU, *inquiète :* Tu l'aimais ?

SAÏD, *riant :* Comment vouliez-vous que j'y arrive ?...

En haut, la Mère.

LA MÈRE, *soulagée :* Heureusement. Et que j'y veillais.

SAÏD, *enchaînant :* ... elle faisait tout pour m'en enlever le goût. Moi, de mon côté... je ne dis pas que je n'ai jamais été sur le point de fléchir, une tendresse, comme l'ombre d'une feuille tremblant sur nous, prête à se poser, mais, vite je me reprenais. Non, non de ce côté-là, vous pouvez être tranquilles. Elle est morte enragée. Et moi si je crève...

OMMOU, *reprenant :* Pas comme modèle, non. Comme drapeau.

Un silence.

L'ACADÉMICIEN, *avec dégoût :* Je vous le disais. Il fallait qu'ils y viennent, à la cocarde ! Mais ce qu'ils ont choisi ne les honore pas.

LA VAMP : Nous, on a trop de héros. Et trop de gloire et d'or sur nos héros.

LE SOLDAT : C'est vous qui dites ça ? *(Dégoûté.)* Y a plus de chefs !

LE MISSIONNAIRE : Ils s'organisent. C'est le début d'un cérémonial qui va les lier plus solidement que tout. *(Il hume l'air.)* J'y reconnais une odeur familière...

MALIKA : Même moi — moi, qu'ils appellent Peau de Satin quand la bougie est soufflée...

CHIGHA : Mais cotonnade gercée quand la mèche est allumée.

Tout le monde rit.

MALIKA : Peau de Satin, j'avais la chair de poule quand il montait l'escalier.

Tout le monde rit, un combattant la tire derrière le paravent.

OMMOU : On avait toutes la chair de poule, à savoir que sa sainte famille s'enfonçait dans la pourriture... Et, encore maintenant, ce qu'il me reste de peau et d'os a la chair de poule. Les seigneurs d'autrefois le diront aux seigneurs d'aujourd'hui que rien ne doit être protégé comme un petit tas d'ordures... Que personne ne jette jamais toutes ses balayures?...

LALLA : Moi, j'en mets toujours une pincée sous les postes de radio.

CHIGHA : Moi, dans les poches du gilet...

AZIZA : Moi, dans la salière pour saler le bouillon...

OMMOU, *comme hallucinée :* Et si un jour... *(A Saïd :)* Ne bouge pas! — La forêt est de plus en plus noire, et il fait chaud... c'est que je dois passer à côté d'un étang et l'eau n'y est pas de l'eau... Et si un jour le soleil tombait en pluie d'or sur notre monde, on ne sait jamais, réservez dans un coin, un petit tas de boue... Que le soleil réfléchisse et ses rayons, qui me font si mal à la tête, à ma pauvre tête criblée de flèches...

LA MÈRE, *en écho :* ... lèche!

SAÏD, *même jeu :* J'ai la langue sèche.

LE MARI : Une heure de perdue ça se rattrape,

mais une demi-journée c'est perdu. Alors qu'on fasse la fête au galop!

> *Il boit une giclée à sa bouteille.*

CHIGHA, *à Saïd :* A l'odeur, quand on passe à vingt mètres du collecteur, il paraît qu'on reconnaît que Leïla s'y balance... Si c'est elle qui se transforme en bouffées puantes on ne risque pas de perdre la mémoire.

OMMOU : Vous n'aurez pas trop de tous les rappels moi une fois morte. Je ne me crois pas capable avec ma seule pourriture ici et au ciel d'empêcher que vous arrive la nostalgie d'une morale trop douce... Le vent va m'emporter. Je le sens passer à travers mes os comme il passe à travers une flûte... Je ne pèse presque plus, dix grammes en tout... il faudra compter sur vous-même... Pour Saïd on va s'en servir...

SAÏD : Tout n'est pas fini?

OMMOU : On embaume tes misères, tes chieries.

SAÏD : Que je vais continuer jusqu'à la fin du monde à me pourrir pour pourrir le monde, c'est ce que ça veut dire?

OMMOU : Dire ou ne pas dire ça ne veut rien dire. On te cherchait, Saïd, on te cherchait, il a fallu ma fièvre et ma double vue pour te dénicher. Tu es là, on ne te lâche plus, anguille plus souple qu'une fille. Il faut, allez, vite embaumer tes chieries! Que rien ne se perde. La fin, ma fin s'approche, je m'approche de la fin, on se cogne l'un l'autre à mi-chemin, et qui prendra ma relève?... *(Elle paraît oppressée.)* Vous voyez que ça urge...

BACHIR, *s'approchant :* Aspirine, la vieille?

OMMOU : Non. J'ai besoin de fièvre pour déconner, comme la fièvre a besoin de moi si elle veut faire la même chose. Kadidja vous en a dit plus long que je n'en dirai...

SALEM : Elle était morte, quand elle l'a dit.

OMMOU : ... et la forêt n'est pas éternelle, je le sais bien. Si elle était morte, Kadidja, quand elle le disait, je dois clamser pour le dire car déjà ma folie se retire... La fête menée tambour battant... Opération-éclair sous une pluie battante!... Le temps d'un clin d'œil, la cérémonie... Saïd, Saïd!... plus grand que nature! Ton front dans les nébuleuses et tes pieds sur l'océan...

LE GAMIN : Faut manger de la soupe!

LALLA, *en se coiffant :* Où trouver une auge pour le faire manger?

SAÏD : Le front dans les nébuleuses! Et les pieds?...

LE GARDIEN, *comme à lui-même :* Et debout pour tout le reste du temps.

BACHIR : Sa voix cent mille trompettes son odeur tous les nuages de l'Univers.

OMMOU, *à Saïd :* ... Tu vas dépasser ta propre taille...

CHIGHA : On va s'organiser pour lui tricoter des chaussettes à sa nouvelle pointure!

SAÏD : Je ferai ce que vous me demandez, mais...

OMMOU, *fébrile :* Ne t'inquiète de rien. On va tout faire nous-mêmes... On connaît la technique... tout va se passer dans la douceur...

SAÏD, *soudain violent :* Vous allez me tuer

Toutes ces répliques sont dites dans un éclat de rire.

d'abord, n'est-ce pas? Alors faites-le tout de
suite! Vous m'attendiez, c'est ma fête...

OMMOU, *de plus en plus fébrile :* Ne t'énerve
pas. J'ai la tête en feu et, dans le feu des cloches,
pas mes yeux dans tes poches, le vent dans mon
fémur, de la glace sous mon cotillon, c'est mort
qu'on te veut mort mais c'est vivant pas mort...

SAÏD, *furieux :* C'est me laisser mort pour
vivant!

OMMOU, *menaçante :* C'est ni mort ni vivant!
La misère à l'honneur!... A l'assaut des
vivants!... Légion d'honneur : virgule de la
chaux des latrines!...

SAÏD, *toujours furieux :* C'est me laisser vivant
pour mort!

OMMOU, *presque en transe :* Et s'il fallait
chanter, chanter... S'il fallait inventer Saïd... S'il
fallait mot par mot, ici et là, cracher, baver toute
une histoire... écrite ou récitée... baver l'histoire
Saïd...

LE GARDIEN, *riant et criant :* Moi, j'ai passé des
nuits... Je chanterai ses amours avec Leïla... J'ai
passé des nuits, des jours à écouter les condamnés à mort. Tous ils chantent, mais pas tous à
haute voix...

OMMOU : Crever!... La panse ouverte et
s'épancher l'histoire... Les chiens...

LE GARDIEN, *enchaînant sur sa réplique précé-
dente :* ...à haute voix. Quelques-uns c'est seulement une vibration des fibres du mollet. A
travers passe un peu d'air. Un chant s'élève. A
travers cette harpe...

SAÏD, *furieux :* Ce n'est pas moi Saïd! Ni sur le
vent des harpes ou la transe d'un mollet!

OMMOU : ... Les chiens diront qu'on est de la race des chiens... C'est une histoire pour eux, la porter de porte en porte et la nuit...

LE GARDIEN, *riant :* Un chant s'élève! J'ai appris à chanter comme eux, du mollet, du jarret, et même de l'intestin! *(Personne ne rit.)* Quoi, vous rigolez? *(Sévère.)* Vous n'avez jamais entendu chanter l'intestin des condamnés à mort? C'est que vous n'écoutez pas. *(Noble, il annonce.)* Les amours de Saïd et de Leïla par l'intestin d'un condamné à mort.

> *Long silence.*

OMMOU, *riant d'une façon fébrile :* Et portées, ajoutez, portées la nuit de porte en porte par la tête coupée des chiens, racontées par le cou coupé des chiens...

> *Tout le monde éclate de rire. Puis un long silence.*

UN COMBATTANT, *qui vient de sortir de derrière le paravent du bordel et qui se boutonne :* Bon. C'est joli ton discours, la vieille. Tu peux te le permettre, tu es morte. J'écoutais en malaxant Malika. *(Aux hommes :)* Les gars, je vous recommande de prendre votre pied pendant l'inauguration d'un monument aux morts, en écoutant le discours patriotique!... *(A Ommou :)* Mais nous on est vivants, je parle de ceux d'entre nous encore vivants, dis-moi donc si la tête coupée des clebs doit nous apporter là-bas l'histoire de Saïd?

OMMOU, *au combattant :* On n'a rien à faire avec toi, tu raisonnes.

LE COMBATTANT : Si on veut s'organiser, il faut

raisonner. Nous les combattants, on a droit à quoi?

Un silence. Ommou semble réfléchir. Enfin, elle parle.

OMMOU : Boucler vos gueules et aller mourir au soleil. *(Avec beaucoup de netteté.)* Depuis un moment, depuis qu'on s'épuise ici à épuiser nos misères de toutes sortes, vous, là-bas, vous organisez votre mort d'une façon harmonieuse et hautaine.

LE COMBATTANT : Pour l'efficacité du combat.

OMMOU, *comme un automate :* Pour l'esthétique du décès.

LA MÈRE : Ça y est! Elle est sortie de la forêt. Elle approche de chez nous.

OMMOU, *même jeu que plus haut :* Soldat!... Soldat de chez nous, jeune peau de con, va crever face à face avec l'ennemi. Ta mort n'est pas plus vraie que mon délire. Vous êtes, toi et tes copains, vous êtes la preuve que nous avons besoin d'un Saïd...

LE COMBATTANT : Ce que tu dis est peut-être vrai pour toi et pour moi, mais les autres? *(Il ricane.)* Quand le combat sera éteint et qu'ils seront chez eux?

Un silence assez long.

OMMOU : Besoin d'un emblème qui remonte d'entre les morts, qui nie la vie... *(Mélancolique.)* « ... Quand le combat sera éteint et qu'ils seront chez eux » : ... Qu'est-ce que ça peut bien me foutre! Il y a des vérités qui ne doivent jamais être appliquées. C'est celles-là qu'il faut

faire vivre par le chant qu'elles sont devenues...
Vivre le chant !

LE COMBATTANT : Ni moi ni mes amis on ne
s'est battu pour que ça chante en toi, Caroline.
Battus on s'est, si tu veux, pour l'amour du
combat, la parade glorieuse et l'ordre nouveau...

OMMOU : Va t'étendre, te reposer un peu après
cette grave pensée. Eh bien, on ne s'est pas fait
tuer...

LE COMBATTANT, *ironique*. Qui t'a fait tuer ?

> *Un deuxième combattant sort du bordel et
> vient se joindre, par le même escalier, au
> premier.*

OMMOU : Je me tue à te le répéter ! Pas fait
tuer pour protéger pacha, caïd, épicier, boule de
gomme coiffeur, géomètre-arpenteur on s'en fout,
mais conserver précieux notre Saïd à nous... et
sa sainte épouse...

> *Tout le monde, chez les morts, se met à rire et
> à applaudir.*

LE COMBATTANT, *aux morts :* Assez. Vous
n'allez pas disposer de la victoire, ni du sens à
lui donner. C'est à nous, les vivants, de décider.
*(Les hommes, sur la place du village, applau-
dissent.)* Bien. *(Un troisième combattant vient,
comme le second, du bordel, puis un quatrième...
Regardant autour de lui :)* De ce côté-là, je suis
paré. Je sens que la logique arme les esprits.
D'ici peu nous serons tous cartésiens... *(A
Saïd :)* Toi, on te pardonne. Notre devoir est de
te pardonner.

OMMOU, *elle rit :* Oh ! joli !... Pardonner, joli !...
Pardonner rose et voile de la Vierge !... Pardon-

ner cierge allumé, nappe dentelles et mains sur
nos fronts...

LE DEUXIÈME COMBATTANT : Pardonner ou pas,
assez de chieries misères...

OMMOU : Vous marchez au pas cadencé...

LE TROISIÈME COMBATTANT : Quand le caporal
commande : « Pas cadencé », on y va.

OMMOU : Saïd, on le tient. C'est pour protéger
sa pouillerie... et sa pouillerie on va encore
l'arroser pour qu'elle pousse.

LE PREMIER COMBATTANT, *à Saïd :* Viens près
de moi. *(Saïd hésite.)* Je ne te demande pas de te
faire soldat... *(Éclat de rire chez les morts où l'on
voit : la Mère, Kadidja, le Sergent, Pierre, le
Général, Warda, M. Blankensee, le Lieutenant.)*
Vos gueules! Couchés, les morts! Vous avez eu
vos funérailles, vos honneurs et vos splendeurs,
ce qu'on doit à la viande qui pue? Bon. *(Les
morts rient doucement.)* Laissez-nous tranquillement vivre. *(A Saïd :)* Je t'ai dit de venir ici.

OMMOU, *retenant Saïd :* Et moi de rester là.

SAÏD, *doucement et après avoir fait du regard le
tour de la place :* A la vieille, aux soldats, à tous,
je vous dis merde.

  *Il s'écarte du groupe et va pour sortir, mais
  les cinq combattants sortent leur revolver et le
  visent.*

LE PREMIER COMBATTANT : Halte!

                    Saïd s'arrête et se retourne.

OMMOU, *se précipitant devant le premier combattant :* Vous n'allez pas le descendre? Vous
n'allez pas nous le voler? Vous n'allez pas... mais
vous êtes cinglés, sinoques... vous n'allez pas

démolir notre trésor... C'est par lui qu'on respire... *(Elle tousse beaucoup, cassée en deux.)* autant crever tout de suite...

LE DEUXIÈME COMBATTANT, *désignant Saïd :* On ne va pas le laisser continuer...

LE GAMIN : Suspense !

LE TROISIÈME COMBATTANT, *à Saïd :* Allez, viens. On efface tout et on recommence.

> *Saïd semble hésiter.*

OMMOU, *dans un cri :* Échappe-toi. Sors de toi. Par ta bouche ou le trou de ton cul, mais sors, ne reste pas là !

LE PREMIER COMBATTANT, *à Saïd, d'un air sévère :* Et moi je te dis...

SAÏD, *doucement :* Je suis très recherché. Je peux faire mes prix...

> *Un long murmure chez les morts qui semblent se concerter du regard. Soudain, la Mère explose.*

LA MÈRE, *hurlant :* Saïd !... *(Tout le monde la regarde.)* Saïd !... Tu ne vas pas flancher ? Chienne, moi chienne et grosse d'un chiot bâtard, je t'ai gardé dans mes tripes pas pour devenir un de plus un de moins ! Une vie de chienne, coups de pied dans les côtes et la rage possible !... Moins qu'un carré d'orties, moins que ce que tu vaux, jusqu'à aujourd'hui midi — il est midi juste — j'ai cru que c'est la haine qui me conduisait, moi, Saïd !...

OMMOU, *à la Mère :* Tu me réjouis le cœur, vieille garce !

LE PREMIER COMBATTANT : Les raisons des morts...

Grondements chez les morts.

LE SERGENT, *à Saïd :* Tu tiens le bon bout, Saïd, fais comme moi! Moi, toutes mes saloperies me rendaient lumineux. J'ai relui, Saïd!

LA VAMP : Bravo, sergent! *(Elle rit.)* Depuis l'arrachage des ongles des arpions...

L'ACADÉMICIEN, *l'interrompant :* Ce matin qu'on inaugure la plaque portant son nom dans une impasse, ce qu'il a fait sauf qu'il a mouru personne ne le sait.

MADAME BLANKENSEE : On me l'a dit!

LE BANQUIER : Cancans.

L'ACADÉMICIEN, *très triste :* On ne peut pas bâtir sur ce qu'il a fait. Ça ne se fait plus. Eux oui, nous pas. *(Docte.)* Donc, le sergent a sa plaque, parce qu'on ne sait rien : voilà la différence.

LE PREMIER COMBATTANT, *montrant les Européens :* Et ceux-là, qu'est-ce qu'ils vont penser de toi... et de nous?...

LA MÈRE, *éclatant de rire :* Mais puisque c'est ceux-là que vous voulez démolir! Tu crois que leurs dorures, c'est pas du bidon?...

LE PREMIER COMBATTANT : La dorure a du bon.

OMMOU, *à Saïd, en douce :* Profites-en donc pour t'évader. Tire-toi pendant que ça discute! Tu vas voir ce qu'ils vont faire...

Saïd hésite et fait un geste comme pour partir.

LE PREMIER COMBATTANT : Reste! *(Saïd hésite encore puis sort.)* Feu!

Cinq détonations partent des cinq revolvers des combattants. Tout le monde regarde la coulisse de droite, par où est sorti Saïd. On entend un corps qui s'écroule. Tout le monde, sauf les morts et Ommou, a l'air consterné.

MADAME BLANKENSEE, *se réveillant en sursaut :* Toujours ces bruits sous ma fenêtre.

Elle se rendort.

OMMOU : C'est pas encore aujourd'hui que je trouverai le temps de clamser. Enterrer l'un, engueuler les autres j'arriverai centenaire. *(A Bachir :)* Aspirine.

Bachir lui tend l'aspirine qu'elle avale. Tout le monde s'est retiré, sauf deux combattants et Ommou. En bas, le Banquier, le Soldat, la Vamp, etc., qui s'étaient levés à l'arrière de Saïd, se rassoient pour somnoler.

LE PREMIER COMBATTANT, *à Ommou :* Ne te désole pas, la vieille : d'ici peu tu seras sous terre.

OMMOU, *haussant les épaules :* Avant, il va falloir culbuter Saïd dans le collecteur...

Elle sort, soutenue par ses deux cannes, par Bachir et Ameur. Les cinq combattants la suivent dans la coulisse de droite. Tous les autres comédiens, sauf les morts, emportent dans la coulisse les paravents et les objets qu'ils avaient apportés au début du tableau.

Un long silence. Tous les morts regardent en haut les vivants débarrasser la scène. Ils restent seuls.

KADIDJA, *victorieuse :* Ça déménage !... Ça déménage !...

LE SERGENT : Ça y est !... J'ai ma plaque ! *(Il*

rit.) Que je te l'ai gagnée, la plaque au coin de l'impasse où mon oncle est matelassière. Gagnée! On me l'a reprochée ma belle gueule, mais ma beauté servait d'écrin à ma cruauté, ce bijou!

LA MÈRE, *inquiète* : Et Saïd? Il vient?

LE SERGENT : Ma beauté grandissait avec ma cruauté, l'une épaulant l'autre. Et les rayons de leur amour, quand je me déculottais, venaient me dorer les fesses!

Il rit.

LA MÈRE : Saïd!... Il n'y a plus qu'à l'attendre...

KADIDJA, *riant* : Pas la peine. Pas plus que Leïla, il ne reviendra.

LA MÈRE : Alors, où il est? Dans une chanson?

Kadidja répond par un geste dubitatif.

Pendant les deux ou trois dernières répliques, les morts déjà emportaient leurs paravents. La Mère sort la dernière, avec son fauteuil. La scène est vide. C'est fini.

DU MÊME AUTEUR

LES BONNES
LE BALCON
LES NÈGRES
LES PARAVENTS

Dans la collection L'Imaginaire

POMPES FUNÈBRES
QUERELLE DE BREST

COLLECTION FOLIO

Dernières parutions

Impression Bussière à Saint-Amand (Cher),
le 28 avril 1986.
Dépôt légal : avril 1986.
1ᵉʳ dépôt légal dans la collection : août 1981.
Numéro d'imprimeur : 1232.
ISBN 2-07-037309-6./Imprimé en France.

Impression d'après les films d'origine
IMPRIMÉ EN FRANCE
sur papier fabriqué par les papeteries de Condat à Condat
(Dordogne), le 15 septembre 1972.
Dépôt légal : 3e trimestre 1972.

38068